대리모 같은 소리

KB065256

베냐트 클라인 지음
이민경 옮김

봄알람

일러두기

- 본문에서는 인명과 서명의 원어 표기를 생략하고 찾아보기에 수록했다.
- 본문에 적힌 인용 출처의 완전한 표기는 참고문헌 목록에서 볼 수 있다.
- 저자는 '대리모(Surrogacy)' 행위뿐 아니라 용어 자체에 문제의식을 갖고 본문 속에 수백 번 등장하는 대리모를 따옴표에 넣어 언급한다. 한국어판에서는 모든 대리모의 서체 표기를 달리했다. 매번 용어의 이질감이 환기되는 불편을 예고드린다.

인간 존재의 권리가 인간 존엄에 기초해야 한다는 점은
국제법의 기본 전제다.

—지나 코리아

차례

나는 1980년대 초부터 대리모를 포함한 유전공학과 재생산
기술에 대해 비판적인 입장을 취해왔다. 그렇기 때문에
30년 이상 집회에서 함께 울고 웃고 행진하며 컨퍼런스에서
이야기를 나누었던 모든 동료와 친구를 언급하기란 불가능한
일이다. 동료들과 논문, 책, 저널, 수많은 편지(이메일이
나오지 않은 시절이므로)를 주고받을 뿐 아니라 가부장제의
폭력이 깃든 성과 재생산력 착취 산업의 힘을 약화시키고 더
낫고 공정한 세상을 만들기 위한 비전을 나누곤 했다. 모든
이의 이름을 말할 수는 없으나 이 자리를 빌려 그중 일부를
언급하고자 한다. 나와 함께 핀레이지(재생산 및 유전공학에
반대하는 페미니스트 국제 네트워크[†])를 공동 창립한 동료이자
친구인 재니스 레이먼드, 로빈 롤런드, 파리다 아크테르,
잘나 핸머, 마리아 미스, 내게 언제나 영감을 불어넣는 지나
코리아와 리타 아르디티. 이들이 없었더라면 내 삶은 무척이나
공허했을 것이며 지금처럼 행복할 수 없었을 것이다. 비록
우리가 다루는 주제가 마음을 찢어지게 만들고 이에 필요한
작업이 엄청나게 고되다고는 하나 그 과정에서 우리는 함께
너무나 좋은 시간을 보냈고 가슴 깊은 데서 우러나오는 웃음을
나누었다. 또 핀레이지 장기 회원이자 친구로 나의 여정에
동참하고 지지해준 래리안 폰세카, 멀린다 탱커드 라이스트,
애넷 버풋, 에리카 파이에라벤트, 캐시 먼로, 델라니 우드록,
로럴 가이머, 아나 헤지나 고메스 두스
헤이스, 메리 설리번, 설리나 유잉, 시몬
왓슨, 헬렌 프링글, 아일라 멕그리거,
콜린 클레어에게도 감사를 전한다.

[†] FINRRAGE, Feminist
International Network of
Resistance to Reproductive
and Genetic Engineering

　　　　여성의 재생산 능력 착취는 21세기 초반인 오늘날
신문 1면을 차지하는 뉴스가 되었다. 인간 복제가 우리 모두를
불완전으로부터 구해줄 새로운 성배로 떠받들어졌기 때문이다.
이 기술은 배아 줄기세포 연구를 위해 여성의 난자를 수없이
많이 필요로 하는 것이었다. 2006년, 나는 핀레이지의 자매
단체인 '내 난소에서 손 떼'에 합류했다. 우리가 예측했듯이
이 기적 같은 기술에 대한 과대광고가 잠잠해질 무렵 초국경
대리모가 다시 그 추한 고개를 들기 시작했다. 그 어느
때보다도 더 커다란 규모로 말이다. 그래서 2015년, 나는
다시 나의 오래된 동료들 그리고 새로 만난 이들과 함께 '지금
당장 대리모를 중단하라(Stop Surrogacy Now)'에 합류해
취약한 여성과 아동에 대한 무자비한 착취에 맞서기로 했다.
단체 회원들은 전 세계에 퍼져 있기 때문에 일일이 감사를
전하기에는 무리가 있으나, 그 가운데 일부의 이름만이라도
언급하려 한다. 제니퍼 랄, 그의 비전과 한없는 에너지가
없었더라면 '지금 당장 대리모를 중단하라'가 2017년 7월경
8000명이 넘는 지지자를 확보하기란 불가능했을 것이다. 또한
카이사 에키스 에크만, 캐시 슬론, 페니 매키슨, 조 프레이저,
줄리 빈델, 재니스 레이먼드, 멀린다 탱커드 라이스트의
업적에도 감사를 표한다. 우리가 취약한 이들을 착취하는
더러운 초국적 대리모 산업을 당장 끝내지는 못하겠지만, 이들의
무자비한 조치를 공적인 차원으로 조명할 기회를 만들 수는
있을 것이다. 그리고 중립을 유지한답시고 형세를 관망하는
자유주의자들의 얼굴에 거울을 비추어 이들로 하여금 이
커다란 산을 실제로 옮길 수 있는 움직임에 동참하게 할 수도

있다.

특별히 감사를 전하는 이는 스티비 드자이다. 그의
노고에도 물론 그렇지만, 핀레이지 연구로 박사학위를
취득하고 이후 『저항으로서의 지식: 재생산 및 유전공학에
반대하는 페미니스트 국제 네트워크』(2018)를 출간한
그의 행보에도 고마움을 표한다. 스티비가 2018년 호주에
펠로우십으로 왔을 때 로빈 롤런드와 나는 그와 무척 즐거운
시간을 보냈다. 스티비의 책이 나와서 정말 고맙고 신난다.
고마워요, 스티비!

이 작은 책은 예정보다 훨씬 오랜 시간을 들여
만들어졌다. 다른 예정된 일들 때문이기도 하지만, 2016년 1월
나의 사랑하는 강아지 프레야가 한창때의 나이에 비극적인
사고로 숨을 거두었기 때문이다. 나와 나의 파트너는 이
갑작스러운 비극에 한 달간 무척이나 깊은 슬픔과 애통함에
잠겨 있었다. 그 시간 동안 도움을 준, 개를 사랑하는 나의
친구들에게 감사한다. 비키 블랙, 데비 오런쇼, 에스텔 디시,
넬리 헌은 강아지의 죽음에 함께 울어주었다. 나와 함께
계속해서 낱말게임을 해준 베티 맥렐런에게(그만 너무 자주
이기기는 했지만), 베를린에서 어마어마한 양의 린트 프랄리네
초콜릿을 보내며 지지를 해주고 몹시도 자주 (사실 좀 짜증
날 정도로) "아직도 안 끝냈니?"라고 물어봐주었던 도리스
헤르만에게 고마움을 표한다. 도리스, 드디어 "응, 끝냈어"라고
대답할 수 있게 되었어. 스피니펙스 출판사의 모든 이에게도
고맙다. 책에 조금이라도 '스위스적인' 잔재가 남아 있다면 이는
모두 나의 책임이다.

그리고 30년간 나의 파트너로, 25년간 스피니펙스
출판사의 공동 출판인으로 함께해준 수전 호손. 당신에게 어떤
고마움을 전할 수 있을까. 그는 내가 재생산 기술과 대리모
이야기를 하며 화를 내는 것을 바다와도 같은 인내심으로
무려…… 30년 동안 들어주었다. 계속해서 원고를 읽어주고,
여성을 착취하는 기술을 향해 계속 화를 내주고, 『다크
매터스』라는 영감 가득한 소설을 쓰는 동시에 멋진 식사를
만드는 일은 특별한 사랑과 우정을 필요로 한다. 나의 가장 좋은
친구이자 진정한 사랑이며, 프레야와 리버를 함께 떠나보냈고
또 어느 날 새로운 반려 강아지를 함께 맞아들일 가족인 그에게
감사를 다하는 날은 오지 않을 것이다.

2017년 7월
미션 비치에서.

¶

언어 사용에 대해서 한마디 덧붙인다. 나는 이 책에서
'대리모(Surrogate)'라는 용어를 쓸 때 항상 따옴표 부호를 붙일
것이다. 9달 동안 자신의 포궁에서 아이를 길러내는 여성을
칭하는 데 대리모라는 용어가 적절치 않다고 생각하고 이
과정에서 '대리한' 것은 아무것도 없다고 생각하기 때문이다.
난자 '공여자(donor)'라는 단어도 마찬가지다. 이 과정에
동반되는 절차는 혈액이나 정액의 기증과는 전혀 다르다.
난소에서 성숙한 난포의 수를 급격히 늘려 이를 '채취'하기

위해서는 무척이나 공격적이고 위험한 절차가 잇따른다. 이 부분이 독서를 용이하지 않게 만들 수 있다는 점에 대해서는 미리 사과를 드리는 바다. 그러나 달리 방법이 없었다.

때로 나는 난자 제공자라는, 마찬가지로 마음에 들지 않는 용어를 쓰기도 했지만 '공여자'라는 표기를 대체로 고수했다. 냉소적으로 굴고 싶을 때라거나 좋아하지 않는 단어나 표현을 볼 때에도 작은따옴표를 종종 붙이곤 하는데, 대리모 논의에서 특히 그런 표현들이 많이 나오기 때문에 이 책은 거의 작은따옴표로 점철되어 있을 것이다. 미리 다시 한 번 사과드린다. 그러나 친애하는 독자 여러분, 주류 미디어와 문헌이 말하지 않는 것을 듣는 일은 무척 중요하다.

21세기는 바야흐로 대리모 산업의 팽창기라 할 만하다. 상업적 대리모와 소위 '이타적' 대리모 둘 다 말이다. 대리모는 1980년대 미국에서, 곧이어 인도에서 여성과 아기를 두고 규제 없이 이루어지면서 이윤을 만들어내는 거래였으나, 최근 10년 동안에는 동유럽과 아시아 빈곤국에서 난자 '공여' 붐을 일으키는 상업적 대리모가 두드러진다. 대리모를 통해 태어난 아기 가미가 다운증후군인 것이 밝혀지자 의뢰자인 호주인 부부(그중 남성은 성범죄 전력이 있는 것으로 밝혀졌다)가 아기를 태국에 버린 2014년의 슬픈 사건(55쪽 참조) 같은 참사가 일어나면서, 혹은 인도 정부가 2013년 게이 커플을, 2015년 모든 외국인 커플을 대리모 의뢰 적격 대상에서 배제하면서[1] 이 산업은 네팔, 말레이시아, 캄보디아로 옮겨 갔다. 이어 다른 국가(2015년 네팔과 멕시코 타바스코 주)가 외국인의 대리모 의뢰를 금지하고 또 다른 스캔들—2016년 캄보디아에서의 사건[2] 등—이 일어나면서 다시 라오스와 같은 다른 지역에서 대리모 산업이 성행하게 되었다. 그리고 우크라이나는 최첨단 기술로 무장한 체외수정 기관을 설립해 고객을 유치하고 있다.

    대리모 산업을 강력히 뒷받침한 것은 아이를 낳거나 '가족 구성'을 할 '권리'가 있다고 믿는 남성 동성애자나 정체를 넘어 새 시장을 찾고자 한 체외수정 산업이다. 호주나 서유럽 같은 ('이타적' 대리모만 허용하거나 대리모가 전면 금지된) 선진국에서 대리모를 지지하는 로비 집단은 상업적 대리모로의 이행을 밀어붙이고 있다. 이들의 신자유주의 자본주의적 주장이라 함은, 잘 규제된 생식 산업이 빈곤국에서 일어나는 착취적인 행태를 피하게 해주리라는 것이다. 실제로, 부유한 국가들에서 대리모를 수용 가능한 조치로 만드는 규제 체계를 정립하는 데 막대한 수고가 이어지고 있으며 그 선봉에 신자유주의적 변호사, 학자, 상담역, 자유주의 페미니스트들이 있다. 이들의 목표에는 국제 헤이그 대리모 협약 창설을 통해 초국적 노동법의 허울 아래 여성의 상품화와 아이 생산을 합법적으로 엮어 대리모 행위를 '일'로 만들기가 포함된다.[3]

국제 대리모 프로젝트의 중심에는 합법화된 상업적 대리모가 불임 부부와 남성 동성애자 커플이 아이와 유전자 전체 혹은 일부를 공유할 수 있는 적법한 방법이라는 사상이 자리하고 있다. 아직 완벽한 인공포궁이 만들어지지 않은 지금(결론 183쪽 참조) 여성의 몸이 없이는 성립될 수 없는 이 프로젝트에서 여성은 인큐베이터, 오븐, 수트케이스로 환원된다. 물론 거래되는 상품인 아이는 스스로 '테이크아웃'되는 데 동의한 적 없으나 생모로부터 떨어져 나와서 생판 낯선 이, 즉 '예정 모부'에게 안겨진다. 그러나 이 재생산 노예제에 찬성하는 이들은 이 행위가 규제될 수 있다고 믿으며 '국제 대리모 공정거래'(Humbyrd 2009; Pande 2017)와 '책임 있는 대리모'를 만들었다.[4]

섹스 거래와 비교하면 문제는 더 명백해진다. 잘 규제된 섹스 혹은 생식 산업은 지지자들에 의하면 행복한 성 판매자(대리모)와 행복한 성 구매자(아기 구입자)를 만들어낸다. 이때 포주는 체외수정 담당 기관, 대리모 변호사 및 중개자, 대리모 우호 집단, 대리모 및 난자 '공여' 행위자와 등치된다. 차이가 있다면 두 산업 모두 여성을 해치지만 성매매 산업에서 '상품'은 '거짓된 여자친구 경험'이라면 대리모 산업에서는 새로운 인간 존재, 즉 아이라는 것이다.

지금의 서두만으로도 내가 현행 대리모 이론과 실제에 전적으로 반대하는 바임은 명백할 것이다. 나는 규제된 자본주의 기업과 보상이 따르지 않는 '이타적 사랑'의 형태 모두에 반대한다. 나는 이를 난자 '공여자'와 생모 그리고 대리모의 결과로 탄생한 아이 모두에 대한 인권 침해라고 본다.

이어지는 장들에서는 내가 대리모에 반대하는 이유를 소상히 설명한다. 우선은 '대리모란 무엇인가?'라는 질문을 던질 것이다. 이후에는 소위 대리모, 난자 공여자, 이성애 의뢰자 부부 중 여성에게 가해지는 장단기적 위해를 살펴보며 대리모가 과연 '선택'인가라는 (진부한) 질문을 할 것이다. 그런 뒤 아이의 권리 면에서 대리모와 (강제) 입양 조치를 비교하고자 한다. 또 다른 결정적 질문은 이것이다. "대리모는 윤리적일 수 있는가?" "대리모를 '일'이라 부르면 이는 윤리적이 되는가?" "규제는 답이 될 수 있는가?" 이후 과거와 현재에 이루어진 저항을 개괄적으로 그려보고 결론부에서 재생산 기술의 '배경'을 살피면서 인공포궁의 발전과 함께 우리가 어디까지 와 있는가를 알아볼 것이다. 마지막으로는 가부장제가 주류인 우리 사회에서 이 비인간적인 산업을 더 이상 확장하지 않기를 간청하고자 한다.

"내 아기가 아니라
내 버스에 일정 기간
탑승했던 승객 같은
거죠."

대리모란 무엇인가?

1장

여성의 포궁을
계약·대여·매매하여 포궁에
배아를 집어넣고 제3자를
그렇게 태어난 아이의
'양육자'로 삼는 행위다.

냉혹한 사실만 드러내보자면, 대리모란 여성의 포궁을
계약·대여·매매하여 포궁에 배아를 집어넣고 제3자가 그렇게
출생한 아이의 '양육자'가 되는 것이다.

　　'전통적' 대리모 산업에서는 대리모에게 이를 의뢰한
이성애자 커플의 남편 혹은 남성 파트너의 정자를 주입한다.
정자는 대리모 여성의 난자에 섞여 들어가고 수정이 성공적으로
이루어진다면 수정란이 포궁에 착상한다.

　　여성 파트너 혹은 부인이 불임이라면, 난자 '공여자'가
실험실에서 남성 파트너 혹은 남편의 정자와 섞여 수정란이 될
난세포를 제공한다. 이를 '임신대리출산'이라고 한다. 정자만을
제공할 수 있는 남성 동성애자 커플의 경우는 이 난자 공여자가
항상 필요하다.

　　'전통적' 대리모는 더 이상 거의 행해지지 않는다. 이
방법을 통하면 생모의 유전자가 아이의 유전자에 절반가량
관여하게 되고 이 때문에 생모가 아이를 포기하지 않으려 하는
경우가 분명히 많아지기 때문이다.

　　반드시 체외수정(IVF)을 요하는 '임신대리출산'은
불임 클리닉이 난자 공여자와 소위 대리모라는 새로운 고객을
유치함으로써 더 나은 수입원이 된다. 더구나 공여자의
난자와 구매자의 정자가 수정되어 만들어진 배아는 착상
전 유전자 진단(PGD)을 거친 다음에 대여한 여성의 신체에
주입된다. 이때 우생학에 기반한 태아 기형과 성 감별(허용된
경우)을 위한 여러 번의 산전 검사는 다시 더 많은 수익을
낸다. 또 체외수정을 통한 임신은 실패 확률이 무척 높다.
영국의 체외수정 분야의 선구자 윈스턴 경에 따르면 여전히

80퍼센트 가까이가 실패하니,[1] 이에 따라 잉여 배아는 냉동되고 대리임신은 더 많이 팔려 나간다.

　　　이 거래에 가담하는 이들은 체외수정 의사들을 비롯한 생식 클리닉, 대리모 로펌(미국에서는 대리모 브로커), 이용 가능한 대리모를 확보한 중개소, 웹사이트에 젊고 잘생긴 여성들을 걸어둔 난자 '공여자' 중개소 등이다. 여기에 난자와 배아의 유통을 초국적으로 감독하는 제3의 대리모 조력자 및 상담역 등도 포함된다. 새로운 사업 기회는 '에그스펙팅' '대리모 완전 해결' '국경 없는 대리모' '국제 가족 창설' 등의 기업을 잔뜩 만들어냈다. 또한 호주에 있는 '대리모를 통한 가족'과 같은 대리모 옹호 단체 역시 중요하게 꼽힐 수 있다. 이 단체는 매년 국내외적인 연례 컨퍼런스를 조직하고 초국적 대리모 및 가정 내에서 실시하는 '이타적' 대리모에 대한 조언을 주면서 난자 '공여자'와 대리모를 하고 싶어하는 여성들을 장차 모부가 될 이들과 연결시켜준다. 이 활동을 다른 단어로 설명하자면 '그루밍'이라 할 수 있다.

　　　그리고 이 산업에는 또 한 여성이 필요하다. 대리모라는 부적절한 이름으로 칭해지는 이 여성은 자신의 몸으로 아홉 달 동안 아이를 품고 낳는다. 상업적 대리모에서 생모는 의뢰인 부부보다 항상 더 낮은 사회경제적 계층에 위치하고 또한 대개 더 '낮은' 인종적 위계상에 위치한다. 인종과 계급 문제가 한데 얽힌 것이다. 우리는 (흰 피부의) 최고경영자가 (어두운 피부를 가진) 청소부의 아이를 낳아주는 경우를 아직 보지 못했다. 대리모와 난자 '공여' 거래는 유복한 이들과 가난한 여성 간의 거래다. 가격이 훨씬 싼 인도, 캄보디아, 우크라이나로 가서 대리모를 찾는다는 사실이 의미하는 것은 이 여성들이 반드시 가난하고 거의 교육을 받지 못한 이들이며, 대개는 마치 감옥과 같은 수용소에서 임신 기간을 보내고, 또한 대개가 대리모를 수익성 좋은 돈벌이 계책쯤으로 여기는 남편의 '포주 짓'으로 인해 이 행위를 한다는 점이다(Sangari 2015, 120).

'이타적' 대리모는 돈을 매개로 이루어지지 않는다. '비용'을 처리하기 위해 들어가는 지출을 제외한다면 말이다. 대신 이들은 누나나 여동생, 사촌이나 이모, 고모와 같이 임신을 하지 못하는 친척, 혹은 게이인 친족을 위해 기꺼이 역경을 대신하고자 한다. 이들은 자신의 신체(와 영혼)를 내어주면서 이렇게나 희생적인 '서비스'를 제공한다. 자라나는 아기에 대한 마음을 바꾸는 것은 가족으로부터 배척당할 각오 없이는 불가능에 가깝다. 이타적 대리모를 행하는 이가 가족의 일원이 아닌 경우에는 자신의 몸 안에서 자라나는 아이와 완전히 분리된다. "내 아기가 아니라 내 버스에 일정 기간 탑승했던 승객"이라는 것이다.[2]

아홉 달이 지나고 나면, 대체로 제왕절개를 이용해 출산이 진행되고 임신의 결과인 아이는 사라진다. 그리고 아이는 최종 산물을 위해 비용을 지급하는 '의뢰인 모부'에게 넘겨지며 이 산물은 주로 쌍둥이다. 아동 인신매매 혹은 아동 구입이 이 거래 행위를 설명하는 데 더 적절한 용어일 것이다. 생모와 새 모부 간의 연결은 출산일 당일을 기해 없는 것이 되거나 거의 이어지지 않는다. 살과 뼈, 피를 내어 자신을 세상에 내어놓고 그의 세포를 수십 년간 체내에 갖고 있을 여성과 접점을 유지하는 아이는 거의 없다(Dawe, Tan and Xiao

2007).

　　아이를 구입한 이들은 아이의 출생증명서에 자신의
이름을 적어 넣고 자신들을 '모부'라 기입한다.[3] 이는 아이를
만들어낸 정자 제공자의 유전자를 합리화하는 행위로, 아이는
정자 제공자의 소유이며 그러므로 생모와는 어떤 관련도 없는
존재가 된다. 이상하게도 아이의 소유권을 결정짓는 유전자
이야기에서 난자 제공자의 유전자는 관행처럼 '잊힌' 것이 된다.
임신 과정에서 핵심적 역할을 한 또 다른 난자 제공 여성의
유전자 역시 마찬가지다. 이는 중요하지 않다. 아이들이 누가
자신의 유전자 절반을 주었는지를 알고 싶어질 수도 있다는
사실은 관심 밖의 문제다.

　　이 같은 대리모 이야기는 자연스레 동화 같은 결말로
이어진다. 의뢰자 모부는 새 아이(들)에게 빠져 정신을 차리지
못하고 대단한 사랑을 쏟는다. 아이들에게 분홍색 혹은 파란색
맞춤옷을 입히고 취학 전 영재 프로그램에 등록한다. 아이들은
무척이나 똑똑하며 얌전하다. 이들은 자신의 존재를 만들어낸
두 여성, 생모와 난자 제공자에 대해 묻거나 이들을 그리워하는
일 없이 행복한, 균형 잡힌, 성공한 청소년 그리고 어른으로
성장한다.

　　이 이야기는 물론 '제조 과정'에서 일어날 수 있는
트라우마를 생략한다. 정자 혹은 난자 제공자의 품질이 좋지
않다거나, 배아 이식이 실패하거나, 발생한 배아가 결점을
가지고 있거나 폐기되어야 하는데 대리모가 임신중단을 거부해
'결점 있는' 아기가 태어나거나(가미의 경우다), 대리모가 병에
걸리거나, 유산하거나, 사망하거나, 대리모가 임신 도중 마음을

바꾸어 아이를 키우고 싶어하거나, 의뢰인 부부가 이혼하거나, 한쪽이 사망하거나 하는 경우들 말이다. 혹은 의뢰인 부부가 숙제를 하지 않아 '그들의' 아이가 부부의 고국 비자를 발급받지 못해 오도가도 할 수 없는 상황에 처하기도 한다. 스위스, 프랑스, 독일, 노르웨이 사람들에게 일어났던 일들이다.[4]

물론 대리모 산업을 지지하고 아이를 원하는 개인의 욕망이 그들이 아이를 가져야 할 필요—그리고 아이를 가질 권리—와 등치된다고 믿는 이들은 어떤 값을 치르든, 이 여정에서 누가 남겨지든, 여기까지 내가 대리모에 대해 서술한 바에 격렬하게 반대할 것이다. 이들에게 대리모란 경이롭고 인정 넘치는 귀중한 행위이기 때문이다.

이와 유사하게, 위험을 줄이는 데 집중하는 자유주의 진영에서는 내 말이 너무 세다고 생각할 것이다. 대리모 행위들은 규제될 수 있고 착취는 최소화될 수 있기 때문에, 이들은 나의 몰인정함을 규탄할 것이다. 나는 불임인 이들의 애통함과 깊은 절망을 이해하지 못하는 무정한 인간이거나 두 남성이 짝이 되었기에 아이를 낳을 수 없는 상황을 이해하지 못하는 인간으로 보이리라.

이들에게 내가 할 수 있는 답이란 사실 내가 그것을 너무 잘 이해할 뿐이라는 것이다. 1980년대 체외수정에 대한 호주 여성들의 경험 연구(Klein 1989a)와 새로운 재생산 기술에 대한 페미니스트 앤솔로지 작업(Arditti, Duelli, Klein and Minden 1984 ; Klein 1989b)을 통해 나는 체외수정을 거친 여성들이 아이를 원하는 절박함이 무척이나 가슴 아픈 일임을 알게 되었다. 체외수정은 트라우마를 동반하고 실패율은

어마어마하다. 내가 연구를 진행할 당시 실패율은 90퍼센트에
가까웠고 오늘날에는 연령이나 클리닉이 얼마나 정직하게
보고하느냐에 따라 달라지지만 대략 70~80퍼센트에 달한다.
많은 여성은 잔혹한 체외수정을 중단하고 아이를 가질 다른
방법을 찾을 수 있었다. 여성들은 그들 삶의 이 슬픈 시기에
공동체의 지원을 받았고 지역사회가 그들을 도왔다. 그런데
21세기에 들어 상황이 바뀌었다. 난자 '공여'와 대리모를 들고
나선 체외수정 클리닉은 가판대에 새로운 '상품'을 진열하고,
대리모를 통해 아이를 낳은 다른 유명인을 주기적으로 여성지에
등장시켰다. 40대에 들어선 이 여성들은 열 번에서 열다섯 번의
체외수정을 거치고도 (이때 이미 재정적으로 커다란 부채를
감당해야 했다) 포기를 허락받지 못했다. 이제 다른 여성이
그들에게 난자를 '선사'하고 또 다른 여성이 '그의 아이'를
품어줄 것이다. 그리고 청구서는 불안과 함께 그들을 계속해서
따라다닌다.

　　불임인 여성은 '제대로 된' 여성이라 하기엔 '쓸모가
없다'라는 인식은 그들의 가족에게서, 넓게는 사회에서
공고한 채였고 따라서 여성들은 이 중재를 반겨야만 했다.
체외수정 클리닉의 기적과도 같은 업적이 자신들의 고통을
감추어주었음에 감사해야만 했다. 그런 뒤 이들은 기꺼이 다른
여성이 낳은 아이의 완벽한, 기쁨에 가득 찬 어머니가 된다.
아이가 태어난다면 말이다. 그렇지 않다면 이 절차는 끊임없이
되풀이된다.

　　대리모에 대한 비판을 냉담하다고 규탄하는 것 외에도,
대리모에 우호적인 진영에서는 '선택' '합의' '여성의 몸에 대한

권리'라는 구절로 이루어진 돌림노래를 끊임없이 불러대며
대리모 비판자들이 여성을 무력한 피해자로 그린다는 비난을
던진다. 그들은 말한다. "대리모는 자신이 하는 일에 대해
동의했다." "난자 '공여자'는 어떤 절차가 자신을 기다리는지
안다.(그리고 두둑한 보수를 받는다.)" "이 여성들은 생명을
주고 싶어서 이 행위에 동참했으며, 그렇기에 고객들은
이들을 사랑하고 그들을 영웅이고 천사라 부르며 그들의
선물에 심오한 감사를 표하는 것이다." "드물게 발생할 수 있는
꺼림칙한 사태는 규제라는 최선의 방법을 통해 방지할 수
있다(이에 대한 구체적인 이야기는 5장 참조)."

나는 이런 서술에 동의하지 않는다. 다음 장에서는
대리모 행위에 연루된 여성들이 겪는 위험에 대해 살펴보고,
'선택' '동의' '자기결정'이라는 문제를 간단히 논할 것이다.

"분만 과정에는 문제가
무척 많았다. 이틀 동안
20여 팩의 수액을 맞고
결국 제왕절개를 했다.
의뢰자 부부가 와서
태어난 아이를 데려갔을
때 나는 의식이 없었다.
그들은 내가 죽었는지
살았는지도 묻지 않았다."

대리모는 안전한가?

2장

답은 "모른다"이다. 대리모를 고민하는 여성에게 전해야만 하는 말은 사실 진행된 연구와 자료가 없다는, 그리하여 이 과정이 건강에 미치는 위협이 무엇인지 누구도 모른다는 것이다.

대리모 과정에서 해를 입는 여성은 셋이다. 바로 대리모, 난자
공여자, 의뢰한 이성애자 커플 중 여성이다.[1]

임신을 위한 과정 가운데 가장 침습적인 절차는
매일같이 이루어지는 약물 투여로, 이는 배아 주입을 위해
대리모의 내분비 체계와 포궁을 '준비'시키기 위한 것이다. 난자
공여자(제3자 혹은 의뢰자 중 여성 파트너)에게 이 과정은
화학적으로 정혈을 멈추고 난 뒤 생식 약물을 잔뜩 주입해
과배란을 시키는 절차라고 설명될 수 있다. 추출 가능한 수십여
개의 질 좋고 건강한 난자가 생산되고 나면 구입자의 정자와
결합시켜 수정란을 만들어낸다.

매일의 고통스러운 약물 투여, 두통, 어지럼증,
경련, 부종, 메스꺼움, 어지러움, 체중 증가, 감정 기복
등은 이 절차에서 피할 수 없는 부작용의 일부다.
난소과잉자극증후군(OHSS)은 폐에 물이 들어차는 경우
합병증을 일으키는 등 심각한 손상으로 이어지며, 졸도하거나
사망할 수도 있다. 마찬가지로 우려해야 하는 것은 거의
알려지지 않은 약물의 장기 부작용들이다. 루프론(류프로렐린
아세트산염)은 식품의약관리국의 승인, 즉 체외수정 혹은
난자 공여 관련 용도가 등록되어 있지 않다. 따라서 어떤
연구도 이것이 여성에게 투여되었을 때의 장단기적 부작용에
대해 밝혀낸 바 없다.(미국 식품의약국이 등록한 루프론의
용도는 전립선암 치료제다.[2]) 어떤 나라도 체외수정 클리닉에
체외수정을 거치는 여성의 건강에 대한 장단기적 추적조사나,
개별적 치료에 쓰인 약물의 부작용 비교를 의무화하지
않았다는 사실은 충격적인 세계적 스캔들이다.

제약회사에게 이는 좋은 소식이다. 왜냐하면 1980년대 초부터 체외수정에 쓰인 약물에 대한 포괄 연구가 소급적으로 진행되었다고는 하지만 난소암, 포궁암, 유방암과 같은 장기적인 부작용과 특정 약물을 연관 짓기란 불가능할 것이기 때문이다. 체외수정을 거친 여성들이 이런 암에 걸리는 확률이 높다는 상관관계 정도가 확립되는 것이 최선이며 어떤 약물이 이런 질병을 야기했는가는 알려지지 않게 된다. 혹은 높은 암 유병률에 대해 여성 자신이 비난을 떠안게 될 뿐이다.

2015년 10월의 연구는 이를 보여준다. 1991~2010년 사이 영국에서 체외수정을 거친 여성 25만여 명을 대상으로 진행된 비교적 대규모의 연구는 이 여성들이 난소암에 걸릴 확률이 30퍼센트가량 더 높다고 발표했다.[3] 이때 여성들에게는 첫째로 이 수치가 그리 큰 것이 아니며, 둘째로는 체외수정에 사용되는 어떤 약물이 난소암 증가에 책임이 있다는 '인과'를 증명할 수 없으므로 안심하라는 신호가 내려졌다. 인과를 밝혀내는 대신 연구자들은 불임이나 '아이 없음' 자체가 높은 암 유병률의 원인일지 모른다고 시사했다.

이야기는 여기서 끝. 혼란은 외면되고, 체외수정 사업은 원래대로 굴러갔다. 여기에는 대리모와 수차례 '난자 착취(Eggspoitation)' 절차를 거치는 난자 '제공자'가 당연하게 포함되어 있다.[4] '난자 착취'는 미국 생명윤리와 문화 센터에서 만든 강력한 다큐멘터리의 제목이기도 하다. 보건의의 감독하에 자신의 난자를 '공여'한 미국 여성들을 상대로 진행한 인터뷰를 통해서, 다큐멘터리는 이 절차에 내재한 심각한 위험을 보여준다.[5]

　　페미니스트를 포함한 신자유주의자들, 대리모 우호 집단, 브로커, 체외수정 클리닉이 공들여 만들고 주류 미디어에서 반복적으로 내보내는 말들은 여성이 대리모나 난자 '공여자'가 되는 것은 '선택'이고 '자기 결정'이며 '대리모들'은 '사전 동의'를 거쳐 '자유로운 선택'을 했을 뿐이라는 것이다. 이 부분에 대해 이야기해보자.

　　'선택'은 내가 (그럴 힘만 있다면) 기꺼이 금지하고 싶은 단어다. 나는 선택이란 말은 두 가지 좋은 것 가운데서만 쓸 수 있어야 한다고 본다. 예로는 "초콜릿 케이크와 레몬 타르트 중에 뭐 먹을래?"가 있다. 이렇게 쓸 때에만 양 선택지의 결과가 모두 끔찍한 상황에서 선택이라는 단어를 즉시 제거할 수 있다. 코카인에 심하게 중독된 상태에서 돈이 절실하고 집이 없으며 지지를 구할 만한 곳도 막막한 가운데 성매매를 계속하기로 '선택하는' 것은 '선택'이 아니다. 이는 가장 어렵고 불운한 결정이다. 마찬가지로, 남편을 포함한 당신의 가족이 불임이라는 이유로 당신을 비난하고 따돌리는 가운데 여성을 대리모로 착취하기를 '선택하는' 것은 '선택'이 아니다. 이 역시 가장 어렵고 불운한 결정이다.

　　반대되는 상황은 다음과 같다. 당신이 인도 직물 공장에서 얻는 연봉보다 9달간의 '포궁 대여'로 버는 돈이 훨씬 많다는 이유로 당신의 남편이 후자를 강요한 결과 대리모나 난자 '공여자'가 되기로 '선택'하는 것이다. 혹은 미국에서 군인의 아내가 '군 대리모'가 될 경우—물론 자원해서 말이다—그 남편이 연봉 인상을 얻게 되는 경우도 마찬가지다. 다시 한 번 말한다. 어떤 결과가 되든, 이는 '선택'이 아니라 (어려운)

결정이다.

　　　우리는 이런 결정을 내린 여성들을 절대로 비난해서는
안 된다. 다만 여성이 결정을 내리는 사회적 맥락을 고려하지
않은 채 이를 '선택'이라고 부르는 행위를 그만두어야 한다. 이
결정 이후 일어나는 일들로 대부분의 여성은 심각한 해를 입게
되지만, 그것으로 탐욕적인 성착취 및 재생산 산업은 반드시 제
배를 채운다.[6]

　　　대리모 폐지론자들의 의견이 여성을 폄하한다고
주장하는 대리모 우호 진영의 비난을 단호히 거부하는 게
무엇보다 중요하다. 미국의 윤리학자 재니스 레이먼드는
다음과 같이 간단명료히 말했다.

　　　　　기술적 재생산에 대한 비판이 여성들이 이 절차상에서
　　　　　학대당하는 방식을 규탄하는 와중에, '선택'이 해당
　　　　　논의를 너무나 많이 차지하고 있다. 우리는 여성들을
　　　　　피해자로 만들고 여성들이 선택할 수 있다는 점을
　　　　　부인한다는 이유로 비난받는다. 여성의 피해자화를
　　　　　드러내려는 시도가 여성을 피해자로 만든다는 비난에
　　　　　휩싸인다(1993/1995, p.x, 강조는 저자).

실제로 이는 정확히 2006, 2007년 호주에서 연방법이 배아
줄기세포 연구를 허용하는 개정안을 검토하는 과정에서 일어난
일이다. 연구에는 여성들의 난자 '공여'가 필수적이다.

　　　호주 핀레이지와 '내 난소에서 손 떼'[7]를 비롯한
페미니스트 집단은 중병을 앓거나 부상당한 이들의 여성

친척이 '옳은 일을 하라'며 난자 '공여'의 압력에 시달릴
것이라는 근거를 들어 개정안에 반대했다. 한편 배아 복제를
지지하는 측은 생명을 구하는 조치가 난치병인 퇴행성 운동
신경 질환이나 척추 부상과 같은 질병을 치료하는 데 도움이
될 것이라는 미명으로 주장을 포장했다. 우리는 난자 '공여'에
대한 정보 가운데 공여자 여성이 감당하는 장단기 위협에 대한
정보 결여(그리고 장기 위험에 대한 연구가 턱없이 부족하다는
사실)를 지적했다. 잠재적 난자 '공여자'가 '선택'을 실시하기
위한 적절한 '사전 동의'가 이루어질 수 없다는 것이다.

　　　즉시 우리는 프로초이스 임신중단 활동가 중 가장
목소리가 큰 자인 레슬리 캐널드의 비난을 받았다. 이 주장이
'성차별적'이며 여성을 유아화하고 가르치려 든다는 것이었다.
그는 누구에게도 "나 혹은 다른 여성이 스스로 이해득실을
계산하고 그에 따라 선택을 내리는 것을 막을" 권리가 없다고
주장했다.

　　　이렇게 해서 해당 개정안을 둘러싸고 난자 '공여'가
여성의 몸에 안기는 위험에 대한 대중적 토론이 더욱 필요한
때에 개정안 옹호자들은 '선택의 수사'(Klein 2006)로 주의를
돌리면서 시간을 몹시도 끌었다. 페미니스트를 규탄하면서
우리가 마치 여성에게는 "난자 공여에 대한 사전 동의를 할
역량이 결여되어 있다"고 말한 것처럼 비약하는 일은 훨씬 더
쉬웠다(Cannold 2006, 강조는 저자).[8] 물론 '역량'이 결여된
이는 여성이 아니다. 여성들이 정보를 전달받지 못하거나
전달받아야 할 정보가 아예 존재하지 않는다는 것이 핵심이다.
　　　난자 '공여'라는 구체적인 장면으로 돌아가서,

체외수정에 관련된 웹사이트 십수 개를 간단히 훑어보자. 어떤
심각한 부작용에 대한 이야기도 나와 있지 않음을 간단히
확인할 수 있다. 다큐멘터리 「난자 착취」에서 한 여성이
명료하게 말한 것처럼, "그들은 당신에게 건강에 따르는 위협에
관한 이야기를 들려주지 않는다". 암 발생 증가와 같은 '예기치
않은' 장기적인 문제가 있을 수도 있다는 언급이 무척이나
희소하게 등장하지만, 이 언급 역시도 틀린 표현이다. 난자
'공여'나 체외수정을 고민하는 여성에게 전해야만 하는 말은
사실 진행된 연구가 없고, 자료가 존재하지 않으며, 그리하여
누구도 건강에 미치는 위협이 무엇인지 모른다는 것이다![9]
         다큐멘터리에서 제목 '난자 착취'는 이렇게 간명히
정의된다.

> 다른 이의 이득에 이기적으로 사용될 목적으로 공여자의
> 안위에 대한 고려는 총체적으로 누락한 채 사기, 강압,
> 기만을 통해 젊은 여성으로부터 난자를 강탈하고,
> 빼앗고, 도둑질하고, 가져가고, 벗겨먹는 행위.

물론 난자 '공여' 이야기는 약물에서 끝나지 않는다. 질에
바늘을 찔러 넣어 마취시킨 뒤 난소를 뚫어 성숙한 난포를
빨아들이는 난자 채취 과정에서는 바늘에 찔린 자리가
감염되거나 난자를 채취하는 동안 혈관을 찔러 난소를 잃게 될
수도 있다. 출혈이 발견되지 않은 채 시간이 지나면 차후 수혈이
필요하고, 만일 바늘이 잘못 들어가면 방광이나 창자에 부상을
입을 수도 있다.

「난자 착취」는 난자 '공여자'를 이용해 아이를
'외주'하고자 하는 욕망을 채우려 하는 모든 이가 필수로 봐야
하는 다큐멘터리다. 특히 반드시 난자 공여자를 필요로 할
게이 커플이라면 더욱 그렇다. 우리가 반드시 해야 할 질문이란
다음과 같다. 젊은 여성의 건강 그리고 어쩌면 생명을 위험에
빠뜨리는 일을 정당화할 수 있는가? 이러한 이기적 행태가
대리모 우호 진영 혹은 몇몇 국가나 지역에서는 어떻게 공적으로
승인될 수 있는 것인가?

이런 형태로 여성을 예속해 재생산을 하는 데는 또 다른
문제가 많다. 준비 단계에서 거의 언급되지 않는 것은 절차에
연루되는 세 여성이 극심한 감정의 기복을 감당하게 된다는
점이다. 난자 제공자는 매일의 일상에서 종종 극심한 약물의
개입을 겪으며 메스꺼움과 불편감에 시달리게 된다. 그러나
미국 평균으로 회당 미화 5000달러에서 1만 달러가량의 보수를
받는다면 그는 괜찮은 벌이를 위해 이를 악물며 고통을 감내할
수도 있다. 대리모는 매일의 주사와 잦은 포궁 초음파 및 호르몬
수치 검사로 인해 이미 온몸이 약품투성이인 채로 이윽고
9개월의, 더 이상 자신의 것이 아닌 시간으로 진입한다.

그렇다면 자신의 난자를 공여하지 않는 의뢰인 부부
중 여성의 경우는 어떨까? 바깥 세계에서 그는 비로소 '아기
있는 팀'에 합류한 행복한 일원처럼 보이지만 속으로는 뿌리
깊은 실패감을 경험한다. 자신이 임신을 했어야만 하는데
그러지 못했기 때문이다. 젊고 잘생긴 여성들의 사진이 마치
포르노처럼 진열된 인터넷 페이지에서 난자 제공 여성을 골라
그중 '내' 아이에게 유전자 절반을 제공할 여성을 '선택'하는

과정은 고통스러운 감정과 깊은 슬픔을 자아낸다. 게다가 난자 제공자에게 따르는 잠재적 위험에 대해 어떤 지식이라도 있다면 그는 자신이 다른 여성에게 잠재적으로 해를 입혔다는 양심의 가책으로 잠들 수 없을지도 모른다.

배아 이식이 성공적으로 이루어져 임신이 시작된 이후는 더 많은 도전과 잠재적인 건강 문제가 발생한다. 체외수정 클리닉은 의뢰받은 아기가 '결점'이 없도록 보장하고자 하며 따라서 임신한 여성은 산전 검사를 수없이 거친다. 검사 결과에 따라 강제 임신중단을 실시하기도 하며 이는 임신한 여성의 신념과 충돌할 수도 있다. 배아가 한 개 넘게 주입되었는데 너무 많이 착상된 경우에는 선택적인 태아 임신 '감소'술이 이루어지기도 한다. 포궁 안에서 자라나도록 '허락된' 태아(들) 곁에 있는 태아(들)의 심장에 염화칼륨(소금)을 주입해 포궁에서 떼어내는 것이다. 이는 나와 같이 여성의 임신중단권을 지지하는 여성들에게도 상상하기 어려운 과정이다. 특히나 프로라이프 여성에게라면 더욱 더 용인할 수 없는 절차일 것이다. 그러나 소위 대리모라는 계약은 이를 의무화하여 강제한다. 의뢰자가 어떻게든 아기를 갖겠다고 한다면 포궁 내에서 태아를 상대로 수술이 이뤄지기도 한다.

여기서 물을 것은 하나다. 만일 당신이 이런 절차를 몸으로 견뎌내는 여성이라고 상상해본다면?

이토록 원치 않는 고통에 돌아오는 단 하나의 답은 분열이다. 임신한 여성은 자신의 포궁 내에서 자란 세포에 자신의 혈관으로 태반을 만들어 자신의 뼈로부터 나오는 칼슘으로 태아에게 영양분을 공급하는 동안 의사로부터,

상담사로부터(상담사가 있다면), 가족 구성원과 파트너로부터,
그 태아가 자신과는 아무런 상관이 없다는 말을, 마침내 그
사실을 그 스스로가 내면화할 때까지 끊임없이 듣고 또 듣는다.
그가 아기의 유전자에 공헌한 바가 없기 때문이다.

　　그러나 어머니와 아기 사이의 연대는 유전자만으로
이루어지지 않는다. 아이가 태어나고 몇 십 년이 지나도
생모가 아기의 세포를 몸속에 간직한다는 사실을 아는 이는
많지 않다. 마찬가지로 생모의 유전자 일부 역시 아이에게
전해진다(Dawe et al. 2007).[10] 그리고 임신 기간 동안 산모와
아기는 다른 수많은 것을 공유한다. '평범한' 임신부를 위한
지침서에 나와 있는 대로다. 스트레스, 흡연, 알코올, 특정
음식 그리고 듣는 음악과 같이 임신부의 기분에 영향을 미치는
요인들은 중요하다. 이 모든 것이 미래의 아이의 건강과 취향을
결정한다고 책들은 가르친다.[11]

　　그러니 의뢰인 부부가 다른 여성의 몸속에서 자라는
아기가 '자신들의' 유전적 아기라고 주장하는 말은 기묘하게
들린다. 특히 이들이 발달 중인 태아의 핵 유전체(nDNA)
가운데 절반에 기여하는 난자를 공여자로부터 받은 경우 더욱
그러하다.

　　게다가 모든 난자가 미토콘드리아 DNA(mDNA)를
포함하고 있다는 사실을 생각해보면 이 말은 더욱 기이하다.
미토콘드리아 DNA는 핵 유전체와 다를 뿐 아니라 이와는
독립적으로 존재한다. "미토콘드리아는 세포의 에너지 생산
공장이다. 이것이 없다면 세포는 음식으로부터 에너지를
만들어낼 수 없다(Beekman 2015)."[12] 그리고 미토콘드리아

DNA는 오직 모체로부터만 유전된다. 매들린 비크먼이
말했다시피, "당신이 받는 미토콘드리아는 모체로부터만 올 수
있기 때문에, 엄밀히 말하자면 당신은 아버지보다는 어머니와
더 밀접하게 연결되어 있다." 대리모에 대입했을 때 이때의
'어머니'는 난자 '공여자'이고 '모체'는 이 세포를 발달시키는
생모다. 정자 공여자들은 착각하지 않는 게 좋을 것이다. 당신의
중요성은 당신이 생각하는 것의 절반 정도밖에 되지 않는다.

　　　몸을 부정하고 유전자만 찾아대는 이들을 한 번 더 입
다물게 할 증거는 인도에서 찾아볼 수 있다. 대리모 연구자
실라 사라바난에 따르면, 고대 인도 아유르베다 문화에서
"출산과 수유는 어머니에서 아이로 핏줄을 이어주는 행위로서,
아이들은 이에 빚을 지고 있는 자신의 삶 내내 어머니를
보살피고 존경을 표해야 한다"(pers.com. June 2017).

　　　암리타 판데는 인도의 대리모 산업을 다룬 문화기술지에
소위 대리모인 파르바티가 태아 감소술을 거친 뒤 한 말을
인용했다.

> 의사 선생님은 아이가 돌아다니고 자랄 만한 자리가
> 충분치 않아서 수술을 해야 한다고 했어요. 그러나
> 난디니 디디(유전적 모친)와 나는 세 아이를 다 낳고
> 싶었죠. 나는 의사 선생님께 내가 한 아이를 키우고
> 디디가 둘을 키우겠다고 말했어요. 어쨌든 그게 그
> 사람들 유전자라고 해도 내 핏줄이잖아요. 그리고 내가
> 지금 나이에 아이를 또 가질 수 있을지 아닐지 누가
> 알겠어요(2015, p.8, 강조는 판데).

판데는 말한다. "파르바티는 아기/태아에 대해 자신의 몫을 주장하는 데 핏줄이라는 단어를 썼다. 라비나 역시 비슷한 주장을 했다. 라비나는 핏줄에 대해서 언급할 뿐 아니라 임신과 출산에 들어가는 노동을 강조하기도 했다." 판데는 라비나의 다음 말도 인용했다.

> 앤(유전적 모친)은 여자아이를 원했지만 나는 초음파 전부터 이미 남자아이일 거라고 말했어요. 내가 낳았던 두 아이도 남자아이였으니까요. 이 아이도 남자애일 거예요. 그리고 내가 맞았어요. 남자아이였다니까요! 그들이 난자를 줬더라도 피와 땀과 그 모든 노력은 내 거예요. 당연히 나를 따르는 거죠(같은 곳, 강조는 판데).

암리타 판데는 덧붙인다. "포궁모(판데의 용어)는 대리모와 태아를 잇는 땀(파시나)과 피(쿤)로 이어진 끈이 오로지 유전자에 기반한 연결보다 강력한 것이라 옹호하곤 한다."[13]
    정말 그렇다. 암리타 판데는 임신한 대리모로부터 나온 이 통찰을 '내 유전자가 아니면 내 아이가 아니다'라는, 전 세계적으로 만트라와 같이 퍼진 주문을 거부하는 데 쓸 수도 있었을 것이다. 그리고 이를 통해 인도에 만연한 대리모를 멈추는 데 활용할 수도 있었다. 그러나 안타깝게도 그는 곧 다음과 같은 소설적인 친족 유대를 그려낸다.

> 포궁모와 유전적 모친 혹은 의뢰 모친 사이의 관계는 단순히 경합적이지 않다. 아이와 함께 만들어지는 친족

유대처럼, 포궁모와 의뢰 모친 간의 유대는 감정적
소외에 대응할 수 있도록 하고, 의료적으로 구성되며
단순한 계약으로 맺어져 폐기되기 십상인 기존의 관계에
도전하게 한다.

판데는 "다른 대리모인 디파 역시 일본인 의뢰자와 자신의
관계가 상호 존중과 호혜로 구성되었다고 믿는다"고 말한다.
그러나 몇 문장 이후 판데는 다음과 같이 한 걸음 물러난다.
"하지만 계약 기간 이후에도 유지되는 관계는 드물다. 대부분의
의뢰인은 상업적 대리모가 마음을 바꾸어 아이를 건네주지 않을
것을 걱정하기 때문에 그와의 모든 연결을 끊어버리는 쪽을
선호한다." 그리고 그는 또 다른 생모 테잘을 인용한다. 테잘은
자신이 어떻게 취급되었는지에 대해 무척이나 쏠쏠한 감상을
가지고 있었다.

분만 과정에는 문제가 무척 많았다. 나는 단 이틀
동안 수액을 15팩에서 20팩 가까이 맞아야 했다. 결국
제왕절개를 했다. 부부가 와서 아이를 데려갔을 때 나는
의식이 없었다. 그들은 아이를 내 남편에게도 보여주지
않았다. 아이는 지금쯤 세 살이 되었을 것이다. 하지만
나는 아이가 어떻게 생겼는지도 모른다. 나는 그들이
우리를 미국에 초대하리라고 생각하곤 했다. 나는 의뢰
여성을 내 자매처럼 생각하곤 했다. <u>모든 것은 헛된
꿈이었을 뿐이다.</u> 초대는 무슨, 그들은 내가 죽었는지
살았는지도 묻지 않았다. 거래를 마쳤으니 아이를

데리고 떠났을 뿐이었다(p.9, 강조는 판데).

이것이야말로 대리모 세계에서 일어나는 괴롭고 서글픈
일들이다. 이 이야기가 유별난 게 아니라는 데는 의심의 여지가
없다. 이런 증거들에도 불구하고 암리타 판데는 대리모를
'일'로서 지지하는 강력한 우호 진영에 서 있으며 이것이 여성의
'선택'이라고 믿는다.(판데의 연구에 대해서는 4장에서 다시
다룬다.)

　　대리모 시스템의 비판자인 우리에게 있어 대리모 여성이
무엇을 견디는가라는 사실은 여성들의 고통에 슬픔을 더한다.
특히 그들이 몸담은 문화가 그들의 몸이 무엇을 알고 있는지를
중시한다면, 즉 피와 땀이 중요하다고 말한다면 말이다.

　　특히 부유한 서구 국가의 미디어와 세뇌된 일반
대중에게, 생모는 '진짜' 모부나 '자연적' 아버지의
품에 안기기까지 포궁에서 몇 달을 머무르는 '승객'을
담는 수트케이스 혹은 오븐일 뿐이다.[14] 기원전 4세기
아리스토텔레스는 임신한 여성이 이미 완성된 남자 인간을
담고 있는 남성의 정자(무려 뇌에서 만들어진)를 담는 용기에
지나지 않는다고 보았다. 현대 서구 대리모는 아리스토텔레스의
이 호문쿨루스 이론의 21세기 유산이라 할 만하다.[15]

　　생명에서 난자 '공여자'와 임신 여성의 중요성을
벗겨내다 보면 재생산 생물학자들의 꿈의 핵에 가닿을 수
있다. 언젠가 인공포궁에서 자라나는 어머니 없는 아이를
만들어내는 것이다. 그러나 체외 발생이 완벽히 이루어지기
전까지는(결론에서 더 자세히 다룬다) 현실에서 임신 여성을

끊임없이 세뇌해 임신한 태아가 자신의 아이가 아니며
스스로를 기꺼이 대리모라고 부르는 오류에 동의하도록
만드는 일이 계속된다. 분열은 승리하고 암리타 판데와 같은
포스트모던 저자는 계속해서 대리모를 '일'이라고 부르는 세계적
담론에서 중요한 역할을 차지한다.[16]

　　다시 대리모의 여정으로 돌아가자. 출산은 새로운 인간
존재가 어머니의 삶 속으로 들어가는 순간이다. 그러나 대리모
맥락에서 이 순간은 9개월 동안 이어진 그들 관계의 끝을
의미한다. 난자 '공여자'가 있다면 출산에 이르기까지의 몇
주간 전자간증, 고혈압 등이 임신 여성과 아이의 목숨을 위협할
수도 있다(Elenis et al. 2015 ; Masoudian et al. 2016 참조).
전치태반은 난자가 공여자의 것일 때 더 흔히 발생하는 또 다른
심각한 증상으로, 태반이 포궁 아래로 움직여 포궁경부 바로
위에 붙어버리는 것이다. 아이가 자라면서 역아가 되면 출혈도
자주 일어난다. 이는 아이와 산모 모두에게 무척 위험한데
오직 침대에 계속 누워 있는 것밖에는 치료법이 없다(호주에서
자매의 대리임신을 한 여성이 7주 동안 누워 지낸 사건은 6장
참조). 마지막으로 태반 박리는 태반이 포궁 벽에서 떨어져
나올 때 일어나는데, 이 역시 공여자의 난자로 임신했을 때
더 빈번하다. 이때도 몇 주간 누워서 지내야 하고 아이와 산모
모두 다치지 않도록 조치할 경험 많은 산과 전문의가 필요하다.
'공여자'의 난자를 받아 대리모를 수행하려 하는 여성들은
서류에 사인하기 전에 임신에 따를 수 있는 이런 심각한
증상들에 대해 고지를 받았는가? 이것은 과연 대리모가 '선택'이
될 수 있는가라는 질문과 어떻게 연관되는가?

대리모 사례에서 많은 경우 아기는 조산으로, 제왕절개를 통해 태어난다.[17] 이 말은 앞서 테잘의 이야기에서 보았듯이, 출산을 하는 여성은 마취되기 때문에 아기를 볼 수 없다는 뜻이다. 그에게 남겨진 것은 젖으로 무거워진 가슴과 무거워진 마음뿐이다. 그러나 그는 이미 아기를 얻어 마땅한 부부에게 스스로 친절을 베푼다고 여기게끔 세뇌되었다. 여성은 아기에게 느끼는 유대를 차단하면서 세뇌된 원칙을 되뇐다. 그러나 이런 자기부정 이후 몇몇 여성은 몇 년이 지난 뒤 산후 우울, 고통, 후회, 분노, 중증 우울증, 절망을 다시 겪게 되기도 한다.(6장 엘리자베스 케인의 이야기를 보라.)

그리고 '또 다른 여성', 즉 대리모를 의뢰한 이성애자 부부 가운데 여성은 갓난아기를 책임져야 하는 과제를 짊어진다. 여기에는 제 아이를 돌보는 많은 초보 엄마와 마찬가지로 수많은 도전이 포함된다. 배앓이를 하는 아기에게 완벽한 어머니가 되려고 노력하면서 이 여성들은 신경쇠약을 앓고, 울음을 멈추지 않는 아기는 몇 달간 여성의 잠을 앗아간다. 그러나 바깥 세계에서 그는 행복의 광채로 빛나야 한다. 그와 그의 파트너는 마침내 그토록 원하던 '내' 아이를 얻었기 때문이다. 여기서 질문은, 대리모가 '그의 유전자'가 섞이지 않았기 때문에 자신이 품은 아이가 제 아이가 아니라는 말을 끊임없이 듣는 와중에 이 '사회적 어머니'도 같은 거짓말을 듣게 되느냐다. 추측컨대 아닐 것이다. 이는 대리모라는 세계에 등장하는 이야기 속의 수많은 모순적 속임수 가운데 한 예일 뿐이다.

불임 여성이 아이를 보면서 제 아이가 아니라는

사실에 분개하거나 자신이 여전히 불임이라는 사실에 씁쓸한
감정을 느낀다는 사실은 공공연히 말할 수 없는 것이 되었다.
엘리자베스 케인이라는 이름으로 『생모』라는 회고록을 펴낸
미국의 첫 대리모 메리 베스는 의뢰모 마고에 대해 썼다. 아기가
태어난 직후 마고는 "이 집에 만일 다른 아기가 또 태어난다면
그건 내 몸으로 낳은 아이일 것이다"라고 말하지만 그런 일은
일어나지 않는다. 수년간 시도했지만 그는 끝내 불임이었기
때문이다. 케인이 적었던, 슬프고 한편으로 약삭빠른 다음
언급에 관한 더 자세한 내용은 6장에 있다.

> 대리모됨이란 한 여성에서 다른 여성에게로 고통을
> 이전하는 것에 다름 아니다. 한 여성은 자신이 어머니가
> 될 수 없기 때문에, 그리고 다른 한 여성—나와
> 같은—은 자신이 다른 사람을 위해 낳은 아이에 대해 알
> 길이 없기 때문에 남은 전 생애를 고통받는다.

이 모든 것을 알고서도 '권리' '선택' '행위자성' 같은 말을
하기란 확실히 불가능할 것이다. 그러나 대리모 우호 단체는
여전히 이를 외치고 있다.
　　　다음 장에서는 대리모 계약을 통해 태어난 아이의 사정을
과거 (강제) 입양을 거친 이들의 조건과 비교해볼 것이다.

"신생아는 말이 없다.
어쨌든 대리모 계약이
얼마나 잘 혹은
잘못되었든, 확실한
것은 이를 통해 우리가
하는 일이 아이를
어른의 재산으로 상정해
사고팔기라는 것이다."

대리모를 통해 태어난 아이들

그들은 유기되었음과
상실감을 느끼며 때로 이것은
결코 회복되지 않는다.

3장

모친 혹은 모부와 떨어진 아이의 이야기를 들으면 대부분의
사람은 상황에 따라 슬퍼하거나 분노한다. 나이지리아의
보코하람이 인구를 늘리고자 여아를 납치하고 성노예를
강제해 출산을 종용했다는 소식을 들으면 우리는 분개한다.
마찬가지로, 다에시가 기독교, 시아파, 야지디교 아이들을
납치 강간했다는 이야기를 들어도 공분한다. 소위 고아라
불리는 아이들의 해외 입양을 주선한 이들이 사실상 빈곤한
어머니들에게서 푼돈에 아이를 사들였던 것임이 밝혀지면
노여움을 금치 못한다. 또한 인도, 스리랑카, 방글라데시 같은
가난한 국가에서 극빈층 독신 여성이 병원 침대에서 낳은
아이를 직후 사우디아라비아에 성노예로 팔아버리는 소녀 대상
성매매 알선이 널리 퍼져 있다는 이야기에는 훨씬 더 분노할
것이다(pers. comm. Farida Akhter 2005). 과거 호주에서
토착민 아이들을 모부로부터 떼어 놓던 관행에 대해서도
우리는 '강탈된 세대'라 부르며 강력한 언어로 비판한다. 혹은
1980년대 무렵까지, 결혼하지 않은 백인 여성이 낳은 아이를
'아이를 위해서' 포기하도록 강제하여 아이가 생모—즉
'타락한' 독신녀—로부터 결코 얻을 수 없는 것을 '적절한'
가정에서 제공받을 수 있도록 하는 일도 있었다.(뒤에서 더
이야기하겠다.)

　　　그러나 대리모의 실행에 대한 논의가 되면 갑자기 이
사회적 규범은 어디론가 사라져버린다. 대리모를 통해 아이를
낳으려는 이들이 '절박하게' 가정을 이루고 싶어하며 아이를
향한 그들의 갈망이 '자연적으로'는 채워질 수 없는 '가슴 아픈'
현실에 대해서만 끝도 없이 이야기되는 것이다. 사실 많은 이가

용인하고 때로 지지하는 것은 아이를 선불 상품으로 상정한 각본일 뿐이고 이를 가질 자격은 그만큼 부유한 이들에게만 주어진다. 그리고 이 문제에서 신생아는 말이 없다. 이들의 삶은 제왕절개를 거쳐 '인큐베이터'와 같은 포궁에서 꺼내지고 난 뒤부터 시작되는 빈 서판과도 같다. 이를 어린이로 그리고 어른으로 길러낼 이들은 의뢰인 부부다.

　　　부끄럽게도 이는 성인 혹은 모부 중심적 관점으로, 신생아의 기본 인권을 무시한다. 대리모는 단순히 순진한 신자유주의적 환상일뿐 아니라 누군가의 배아를 임신하는 문제를 '일'로 바라보는 것이다(4장, 78-84쪽 참조). 『포브스』 지는 다음처럼 유쾌하게 말한다. "유모도 도장업자도 임대하는데 포궁이라고 안 될 게 뭔가?" 이는 뿌리깊이 가부장적이기도 하다. 아이를 품고 낳는 배는 중요치 않다. 무시되어도 된다. 황새가 아이를 물어다가 굴뚝으로 떨어뜨려놓는다는, 그러고 나면 황새의 기척도 찾을 수 없는 오래된 설화의 반복이다.

　　　포스트모던 이데올로기에 연료가 되어주는 이러한 사고는 어머니의 포궁이 아기의 뼈와 조직, 신경과 근육 세포(2장에서 논의한 바와 같다)를 자라게 할 뿐 아니라 아기의 영혼과 정신도 '길러낸다'는 수많은 저자의 생각과 배치된다. 많은 이가 말하듯 배아가 세상에 나올 수 있는 작은 인간이 될 때까지 피를 통해 영양을 공급하는 것은 임신 여성이며 그의 감정—기뻐하거나 괴로워하거나—이 아기의 영혼과 정신에 깊은 영향을 미친다. '회귀 요법'이라고 불리는 정신분석의 일종은 포궁 내에서의 시간에 집중하며, 종종 최면 치료와

결부해 성인의 내면세계를 탐구하고자 한다. 치료는 삶에서
특히 중요하거나 상처 입었던 시간으로 거슬러 올라가면서
그들이 몸 안에서 길러낸 뒤 떠나보낸 아기를 불러낸다.

　　게다가 행복하고 낙천적이고 수월한 대리모 이야기는
살뜰히 보살피고 깊이 사랑했음에도 입양 가족에 진정으로
속했다고 느끼지 못한 입양아들의 수천 가지 이야기와
대조된다(Mackieson 2015). 성인이 되어 자신의 생모와
정자 기증자를 수십 년 동안 찾다가 결국 그들의 생모 혹은
생부가 이미 죽었다는 사실을 알고 좌절하는 이들의 이야기도
마찬가지다. 혹은 마침내 생모를 찾고 좋은 관계를 유지한다고
하더라도 그들의 친자매형제와 함께하지 못한다는 것에 슬픔과
회한을 갖고 살아가기도 한다.

　　페니 매키슨은 다음과 같이 말했다.

과거 호주의 강압적 입양 조치로 인해 태어나자마자
입양이 되었던 나로서는, 대리모 우호 진영이 자신을
수태하고 출산해 세상에 빛을 보게 한 모부와 계속적인
관계를 맺을 수 없거나 그러한 관계에 대해서 알 수 없는
아이들이 평생에 걸쳐 겪는 어려움을 간과한다는 사실이
유감스럽다. 이런 어려움은 사회적 모부가 얼마나
사랑을 많이 주고 잘 양육했는지와는 별개다. 돈이
오가는 상업적 계약을 통해 태어난다는 또 다른 측면을
더한다면 대리모 시스템은 아이 개인의 정체성, 자아
존중감, 삶 전반에 영향을 미치는 심리적 건강에 더 큰
도전과제를 안겨줄 것이다(pers. comm. 2014).

친권을 포기한 어머니인 조 프레이저는 호주 대리모 연구 조사 보고서에서 다음과 같이 지적했다.

> 입양된 이들은 자신들이 무력한 재화처럼 거래되었다고 느끼고, 스스로가 거부되었으며 가치 없다는 감각과 낮은 자존감이라는 결과를 안게 된다. 하물며 여기에 더해 아이가 만들어지기 이전에 미리 친권 포기와 거래가 꼼꼼하게 계획되어 있었다면 이 결과는 얼마나 더 지독할 것인가?
> 대리모가 해외나 국내 어디에서 이루어지든, 이것이 얼마나 잘 혹은 잘못 진행되든, 확실한 것은 대리모라는 행위를 통해서 우리가 하는 일은 아이를 어른의 재산으로 상정해서 사고판다는 것이다. 우리가 무언가를 절박하게 원한다는 것이 그것을 가질 권리가 있다는 뜻은 아니다(2016, p.3).

그리고 캐서린 린치는 2016년 호주 대리모 조사 연구에 포함된 호주 입양아 권리 액션 그룹에 대한 최종 보고서에서 다음과 같이 말한다.

> 입양아로서 우리는 말한다. 태어나면서부터 어머니를 잃는 경험은 트라우마로 각인된다. 처음에는 표현할 수 없는 트라우마(아기가 우는 것 말고 무엇을 할 수 있겠는가?)인 이 상실은 평생 벗어날 수 없는 절망이 된다. 그가 생애에 걸쳐 적응과 사회화를 거친다 해도,

장기 기억이 만들어지기 전에 생겨난 이 트라우마가
그에겐 '기억될' 수 없는 어떤 것이라고 해도 말이다.
자아의 일부를 잃는 경험, 아이가 출생 이후에 찾게 되는
어머니를 잃는 경험은, 사라지지 않는다.

친권을 포기한 어머니와 입양된 아이의 이러한 말들이 던지는
질문이란 한결같다. 왜 우리는 또다시 이런 사기를 치려고
하는가? 과거로부터 어떤 교훈도 얻지 못했는가? 2008년 2월
13일 호주에서, 총리인 케빈 러드는 호주 토착민의 강탈된
세대에 대해 국가적인 사과 연설을 했다. 그리고 2013년
3월 21일, 줄리아 길라드 총리는 아이를 잃어버린 25만 명의
어머니를 만들어냈던 강제 입양에 대해 국가적 사과를 포함한
연설을 했다. 그의 연설의 일부를 인용한다.

　　그들은 대부분 아이의 얼굴을 보지 못했습니다. 그들은
　　아이가 터뜨리는 첫 울음을 달래주지도 못했고, 아이
　　살갗의 따뜻함과 부드러움을 느끼지도 못했습니다.
　　아이에게 이름을 지어주지도 못했습니다. 이 아이들은
　　다른 이름을 가지고 다른 집에서 자라납니다. 그들은
　　유기되었음과 상실감을 느끼며 때로 이것은 결코
　　회복되지 않습니다.
　　오늘날, 의회는 호주 국민을 대신하여 아기를
　　어머니로부터 강제로 떼어 놓고 평생의 고통과 아픔을
　　만들어낸 정책과 조치에 대해 사과드리는 바이며 책임을
　　통감합니다.

그리고 우리는 이 조치가 우리의 자매, 형제, 조모부,
배우자와 확대가족의 일원 모두를 상처 입혔음을
인지하고 있습니다.
어머니들이 아이를 사랑하고 보살필 기본권과 책임을
부정했던 부끄러운 과거의 조치를 개탄하는 바입니다.
여러분께서는 법적 및 사회적으로 어머니로서 인정받지
못했습니다. 그리고 여러분 자신에 대한 돌봄과 지지
역시 빼앗겼습니다.
정부는 이러한 일이 다시는 반복되지 못하도록 모든
힘을 다하겠습니다. 다가오는 도전 과제를 앞둔 우리는
가족 강제 분리의 교훈을 상기할 것입니다. 우리는
아이의 기본권을 보호하고 자신의 모부가 누구인지 알고
그로부터 돌봄을 받을 권리의 중요성에 초점을 맞출
것입니다(강조는 저자).[1]

이 연설을 제법 길게 인용한 이유는 길라드의 이 감동적인
연설이 널리 퍼지고 환영받았음에도 불구하고 호주 연방정부가
대리모를 제지하지 않기 때문이다. 또한 뉴사우스웨일스와
퀸즐랜드 등, 호주에서 대리모를 범죄로 규정한 지역들에
거주하더라도 상업적 대리모를 이용하려 해외로 나가는 이들은
처벌받지 않는다.(5장에서 호주 의회의 대리모 조사에 대해
자세히 논한다.)
    다행인 점은, 1980년대에 대리모를 통해 출생한 아이들이
입을 열기 시작했다.[2]
    서른이 된 제시카 컨은 대리모 근절 캠페인을 벌이고

『뉴욕포스트』에 다음과 같은 글을 실었다. "내가 나를 위해서 이걸 선택하겠는가? 당신이 이 세상에 나온 이유가 그저 부끄러움을 모르는 수표 덩어리라면 분명 당신도 모욕적이라 느낄 것이다."[3] 그리고 브라이언은 그의 블로그 "대리모의 아들"에 이렇게 적었다. "그렇다. 나는 화가 났고, 사기를 당한 기분이다. 이는 수치이며 끔찍한 경험이다. 우리 모두에게 엄청나게 더러운 짓이다. 자신을 정확히 어딘가로 보내버리기 위해 만들었다는 걸 알면 어떤 기분일 것 같나? 당신들은 아이들이 스스로 의견을 갖게 되리라는 걸 알아야 한다."[4]

대리모를 통해 태어난 어떤 아이들은 결코 자신의 목소리를 내지 못할 것이다. 재생산 기술의 산물로서 산전 검사에서 밝혀지지 않은 장애를 가지고 태어나 '결점' 있는 것으로 간주된 이들 말이다.[5]

'하자 상품'을 주문하지 않은 의뢰자들에 의해 버려진 백인 아기들은 인도나 태국 고아원에서 사라져 다시는 그 자취를 찾을 수 없게 된다. 호주인 대리모 의뢰자가 다운증후군인 한 아이는 버린 채 그와 같이 태어난 여자아이만을 데리고 돌아갔을 때 버려진 아이 가미를 키우겠다고 고집한 파타라몬 찬부아의 감동적인 이야기[6]는 예외로 남아 있을 뿐이다.[7]

파타라몬 찬부아는 또한 가미의 쌍둥이인 피파의 양육권을 얻어 가미와 함께 키우고자 했다. 그러나 2016년 4월, 호주 판사인 스티븐 새커리는 찬부아의 요청을 거절했다. 피파가 그의 평생을 호주에서 보냈다는 이유였는데 이 평생은 16개월가량이었다(Safi 2016.4.14). 다시 말해 아동성범죄자

판결을 받은 의뢰부가 생모보다 더 많은 권리를 인정받은 것이다. 부권은 또 한 번 승리했다!

　　마지막으로 언급해두어야만 하는 것은, 대리모 시스템에서는 아기에게 성폭력을 가할 수 있는 성범죄자도 아기를 주문할 수 있다는 점이다.

　　가미의 이야기 이후 얼마 되지 않아 태국에서 또 다른 이야기가 들려왔다. 서맨사 홀리가 보고했듯이 "태국 여성을 대리모로 통하여 쌍둥이를 얻은 호주 남성이 아이들에게 성폭력을 가한 것으로 밝혀졌다"(2014.9.2). 이 이성애자 남성의 집에서는 아동 포르노그래피도 발견되었다. 그의 부인은 어떤 가해 행위도 몰랐다고 부인했다. 부인은 그들 부부가 태국에서 돌아온 지 얼마 되지 않아 남편이 실직했다고 말했다. 남편은 원래 폭력적인 성향을 가지고 있었다. 결혼 관계는 깨어졌고, 쌍둥이는 그 남성의 전 부인과 살고 있다.

　　그러는 동안 태국에 있던 생모는 이 사실에 무척이나 유감을 느끼고 아이를 돌려받고자 했다.(이 대리모는 자신의 난자로 아이를 가졌기에 유전적 어머니이기도 하다.) 그러나 호주에 있는 아이들은 자신이 절반은 태국인이라는 사실을 몰랐고 태국어를 한마디도 할 줄 몰랐다. 생모인 시리완 니티차드는 미화 5500불을 받았다.

　　좀더 과거인 2005년 러시아 여성으로부터 8000불을 받고 아이를 사 간 두 남성 이야기는 대단히 섬뜩하다. 이 두 남성은 호주 시민인 마크 J. 뉴턴과 그와 오래 사귄 미국인 남자친구 피터 트루옹으로, 케언스에 살았고 2010년 파노스퀸즐랜드에서 지역방송 리포터와의 인터뷰를 통해 게이

아버지가 되었음을 축하받았다. 경찰 조사를 거치기 전까지는
말이다. 이들은 2011년 2월 국제 아동 성범죄자 명단에
올랐다. 아이들은 '아버지들'로부터 학대를 당했으며(생후
2주 된 아기와 뉴턴이 성행위를 하는 비디오가 발견되었다)
6년 이상 해외에서 집단적으로 아동성폭력을 당하기도 했다.
그들은 '보이 러버 네트워크'의 일원이었다. 아이가 이런 초기
트라우마를 극복하기란 무척 어렵다. 아이는 이런 행위를
'정상'이라고 생각하도록 길들여졌기 때문이다. 뉴턴은 40년,
트루옹은 30년 형을 선고받았다.

　　　물론 우리는 이런 끔찍한 이야기가 드물게만 일어나며
대부분의 의뢰자가 제대로 된 인간이기를 희망한다. 비록
'제' 아기를 가지겠다는 자아도취적인 열망을 가지고 있는
이들이지만 말이다. 그러나 어찌 알겠는가? 세계화되고
신자유주의화된 이 세계에서, 대리모 시장은 하나가 닫히면
하나가 열리고, 그 존재를 만들어내는 동기는 탐욕인 와중에,
어떻게 우리가 염려하는 이런 종류의 학대가 더 일어나지
않으리라고 확실하게 말할 수 있겠느냐는 말이다. 대리모로
태어난 아이들이 의뢰인 부부의 이혼 시 둘 중 한쪽 혹은
양쪽으로부터 '내 아이가 아니다'라는 말로 거부당하는
이야기는 얼마든지 많을 것이다. 아이들은 스스로를 '하자
상품'으로 느낌으로써 용서를 구하고 생모 혹은 난자 공여자를
찾아 나설 수도 있겠지만 이 여정은 대체로 환상에 불과하거나
지극히 고통스럽다.

　　　대리모가 낳은 다른 아이들에게 미치는 심각한 위해도
있다. 미국의 첫 번째 상업적 대리모였던 엘리자베스 케인은

1980년 아주 기꺼이 그리고 열정적으로 이 일에 임했지만 나중에 대리모 산업에 대한 관점을 바꾸게 된다. 변화의 이유 중 하나는 그의 아이들에게 대리모가 미치는 영향이었다. 그의 10대 딸은 학교에서 무자비한 놀림을 받았다. 어머니가 신문이나 텔레비전에 등장할 때마다 괴롭힘은 계속되었고 그는 울면서 집에 들어왔다. 결국 그는 가정을 벗어났다. 그리고 엘리자베스 케인은 자신의 다른 딸이 어느 날 아침을 먹다가 울면서 "남동생을 안아볼 수 없어"라고 말하는 것을 들었다. 당시 네 살이던 그의 아들은 출산 장면이 나오는 텔레비전 프로그램을 보다가 "엄마 애기들 다 갔어. 엄마 애기들 다 갔어" 하고 소리를 지르기 시작했다. 13살이 된 그는 "학습 장애아를 위한 특수 교육을 받고 있다. 그는 여전히 겁이 많고 의존적인 아이다"(Kane 1988/90, pp.252-257 더 자세한 내용은 6장 참조). 다른 미국 여성인 낸시 배러스는 캘리포니아에서 대리모를 했다. 그가 병원에서 집으로 돌아왔을 때 당시 여덟 살이던 딸은 그에게 물었다. "엄마, 내가 착하지 않으면 나도 남한테 줄 거야?(Klein 1989b, p.158)"

대리모 관련 문학은 이렇게 슬픈 이야기로 넘쳐난다. 엘리자베스 케인과 낸시 배러스의 경험은 1980년대의 일이다. 왜 30년이 지난 지금 우리는 아직도 대리모가 멋진 거라고 생각하는 것일까? 그리고 왜 이런 헤드라인을 다는 것일까. "다른 사람을 위해 아이를 낳는 일은 축복받고 금전적으로 보상받아야 하는 일이다(『더이코노미스트』, 2017.5.13)."

토착민과 백인 여성의 아이를 수도 없이 빼앗았던, 우리가 함께 알고 있는 트라우마적 경험에 기초해 생각해보자.

호주의 강제 입양은 관련된 모든 이에게 깊은 상처를 안겼다. 나는 생모로부터 아이를 떼어놓는 최근의 일들에 대해 하나의 답이 존재한다고 강력히 믿는다. '지금 당장 대리모를 중단하라(Stop Surrogacy Now).'[8]

　　　1960년대와 1970년대에 아이들을 빼앗긴 어머니들과 이후 여러 세대에 걸쳐 아이를 강탈당한 토착민 여성들은 대리모에 반대한다. 익명의 정자나 난자를 통해 생겨난 '공여자'의 자식들도 마찬가지다. 이들 중 몇몇은 자신이 누구와 연결되어 있는지를 일생 동안 찾아다닌다.[9]

　　　나는 여러분께 묻고 싶다. 친권을 포기한 어머니와 입양아였다가 이제는 성인이 된 이들이 털어놓은 이 아픈 이야기들을 잊을 수 있는가? 줄리아 길라드 전 총리의 입으로 이 여성들과 아이들을 향한 가슴 쓰린 사과를 듣지 않았던가? 어째서 우리는 실수를 반복하고, 이에 대해 말하기는커녕 대리모가 아이를 낳는 현대적인 방법이며 아무런 문제도 없는 양하는가? 우리는 왜 '아이라는 상품'을 재화로서 거래하고 생모로부터 떼어내 '예정 모부'라는 이름의 낯선 이에게 안겨버리는 '테이크아웃 베이비'에 동의하지 않았음을 지적하지 않는가? 왜 우리는 대리모를 공식적으로 '아동 인신매매' 혹은 '아동 구매'라고 부르지 않는가? 바로 그것이 정확히 우리가 이 아이들에게 하고 있는 일인데 말이다.[10] 대리모를 허용하는 한 또 한 세대의 애통한 여성들 그리고 자신의 생모와 난자 '공여자'를 알 수 없음을 슬퍼하는 아이들이 생겨난다. 몇 십 년 후 호주 당국이 다시 '테이크아웃'된 아이들을 조사해 똑같은 사과를 한대도 놀라서는 안 될 것이다.

아니면 이와는 다른 이야기가 존재할 수도 있을까? 다음 장에서 나는 대리모가 윤리적일 수 있는지 논하고자 한다.

"대리모가 되기 위해
검사를 진행하는 동안
내가 임신 중이었다는
것을 알았다. 당시
우리는 아이보다
돈이 더 필요했으므로
임신중단을 했다."

대리모는 윤리적일 수 있는가?

아니다.

4장

2014년 5월 호주의 대리모 의뢰자들에게 버려져 태국에 남겨진
아이를 생모 파타라몬 찬부아가 거둔 이야기가 터져 나온
이후, 호주 언론은 이 사건으로 토론을 벌였다. 상업적 대리모를
허용할 목적에서였다.[1] 캠페인은 체외수정 클리닉과 '호주
대리모' '대리모를 통한 가족' 등 대리모 우호 진영의 대대적인
로비를 등에 업고 커졌다. 가정법원의 부장 판사 다이애나
브라이언트를 포함한 법학자들 역시 이를 지지했다. 그 결과,
언론과 텔레비전에서 대리모는 아주 달가운 이야기로 둔갑했다.
절박한 이성애자 혹은 동성애자 부부들은 아이를 원하고,
작고 귀여운 아기가 맞춤복을 입고 아주 부유한 모부와 함께
행복하게 살아가는 것이다.[2] 당시 이에 대응하는 대안적 관점은
나와 동료들 정도를 제외하고는 거의 찾아볼 수 없었다(Allan
2014.8.4 ; Klein 2014.8.20).

　　안타깝게도 가미의 이야기 속에서 드러나는 개발도상국
여성 착취 문제 그리고 태어난 아이의 '결함'을 이유로 구매자가
아이를 거절한다는, 대리모에 내재한 우생학 논리에도 불구하고
언론과 방송 매체는 어떻게 대리모를 지지하는 것이 가능한가를
묻지 않고 어떻게 이 문제를 '더 좋게' 만들 수 있는가를 물었다.
질문의 중점은 상업적 대리모가 호주에서 합법화되어야 하며,
그로써 더욱 잘 규제될 수 있고, 브라이언트 판사의 말처럼,
더 '윤리적'으로 이루어질 수 있다는 것이었다(Brennan
2015.4.18).

　　이 관점을 지지하는 이들 가운데에는 파트너와 함께
인도에서 대리모를 이용해 두 소녀의 아버지가 된 샘 에버링엄도
있었다.[3] 에버링엄은 2010년 소비자 로비 집단 '호주 대리모'를

설립했고 '대리모를 통한 가족'의 글로벌 디렉터가 되었다. 이 집단은 호주, 미국, 스웨덴, 아일랜드, 영국 등 잠재적 고객층이 전망 좋게 자리하고 있는 국가에서 대대적인 행사를 조직했다.[4]

브라이언트 판사가 2015년 4월에 발표한 내용에 기초해 『시드니모닝헤럴드』는 5월 14일 상업적 대리모가 윤리적인지, 호주에서 이것이 허용되어야 하는지를 두고 소위 '토론'을 시작했다. '그렇다' 측을 맡은 샘 에버링엄은 우리가 언어를 바꾼다면 '윤리적'인 상업적 대리모는 가능하다는 감미로운 주장을 던졌다. 그의 말을 다음과 같이 인용한다.

> 윤리적 대리모를 30년 이상 실시해온 미국에서는, 예정 모부를 위해 아이를 임신한 여성을 대리모가 아니라 '임신출산 캐리어'라고 칭한다. 이 명칭이 합당한 이유는 이 여성들이 어머니의 '대리'가 아니기 때문이다. 연구는 대리모를 통해 태어난 아이들이 이 사실을 어린 나이부터 이해하고 있음을 보여주지만 호주 사회는 이를 잘 이해하지 못하고 있다. 우리의 언어는 이 오류를 강화한다(Everingham/Tobin 2014).

그는 "모든 대리모가 윤리적으로 이루어지지는 않지만 이 문제는 재정을 확보해 교육, 심리적 지원, 상담과 보상을 실시함으로써 바로잡을 수 있다"고 말한다. 호주 입법자들을 향해 그가 내민 긴급한 제안은 당장 전국적 조사를 실시해 상업적 대리모 허용 법안을 만들어내라는 것이다.

그의 주장에서 논의가 필요해 보이는 지점은 세 개다.

첫 번째로, "미국에서 30년 넘게 실시된 '윤리적' 대리모"라는 말은 과거와 현재 미국에서 일어나는 일에 대한 그의 깊은 무지를 보여줄 뿐이다. 혹은 '대리모를 통한 가족'의 연례 호주 컨퍼런스에 패널로 참여하는 캘리포니아의 체외수정 전문 의사들이 하는 말을 되풀이하는 데 그친 것이다. 6장에서 더 정교하게 다루겠지만, 미국에서 실시되는 대리모는 1980년대 초부터 이미 착취적이라는 이유로 급진 페미니스트에게 비판을 받았고(Klein 1989b ; Rowland 1992 ; Raymond 1993/1995) 이 비판은 오늘날에도 계속되고 있다(Lahl 2016).

　　　두 번째로, 대리모 문제에 그가 내놓은 아이디어는 아이를 몸속에서 9달 동안 길러내 출산하는 '여성'이라 불리는 인간을 '임신출산 캐리어'라 부르자는 것이다. 이는 에버링엄과 그를 비롯한 대리모 우호 진영의 많은 이에게 여성에 대한 이해와 존중이 결여되어 있음을 보여준다.

　　　마지막으로, '임신출산 캐리어'라는 문구는 아이를 품고 낳을 수 있는 유일한 산 인간 존재인 여성(생물학적으로 XX염색체를 가진 존재)을 지운다.[5] 임신한 여성이 태중의 아이와 맺는 불가피한 관계 역시 사라진다.

　　　나는 이런 남성중심적 발화가 무척이나 비윤리적이라고 본다.

　　　이 '토론'의 반대쪽에서 성 빈센트 병원의 플렁킷 센터 윤리위원회장이자 호주 가톨릭대학교에 몸담고 있는 버나뎃 토빈은 묵직한 울림을 가진 '아니다'를 내어놓았다.

　　　대리모는 아이가 자신의 자연적 모부에게서 양육될

권리를 의도적으로 침해한다. 대리모는 임신과 출산으로
이어진 아이와 생모 간의 연결을 고의로 침해한다.
돈으로 무엇을 살 수 있고 없고 간에 이런 조건에서
아이를 세상에 데려온다는 잘못으로부터 아이를
보호해줄 수 있는 대리모 계약 따윈 없다(Everingham/
Tobin 2014).

그리고 나아가 말한다. "호주에서 상업적 대리모를 합법화하면
윤리적으로 대리모를 지속할 수 있다는 생각은 우리 스스로를
기만하는 것이다."[6]

대리모가 '윤리적'일 수 있는지를 계속 토론하면서,
우리는 대리모 우호 진영의 로비와 주류 언론이 소위 대리모
여성의 이미지를 만들어내는 방식을 분석할 필요가 있었다.

스위스 작가이자 저널리스트인 카이사 에키스 에크만은
성매매와 대리모를 비교하는 책, 『존재를 팝니다: 성매매,
대리모, 분열된 자아』를 썼다. 온라인대리모맘.com과 같은
영국과 미국의 대리모 온라인 게시판을 연구한 저자는 언론이
만들어내는 '좋은' 대리모 여성이라는 이미지에 관해 논했다.
"이들은 여성들의 관대함과, '돕고 싶다' '전화를 기다린다' 같은
말을 강조했다." 저자는 대리모 우호 진영인 벳시 에이건의 저서
『여성의 대리모 참여 동기』를 인용한다. 에이건은 책 속에서
"어떤 여성들에게 대리모가 되는 것은 정서 상태를 자신이
바라는 방향으로 바꾸고 그들 자신에 대한 이상적 이미지를
성취하여 진정한 성공을 가능케 하는 삶의 경험"이라고
주장한다(Ekman 2013, p.177).

　　여성이 내세워야 할 가장 이상적인 자질이 친절함,
보살핌, 헌신, 남을 우선하기—자신의 심리적 안녕과 생리적
건강을 훼손하면서까지—임은 무엇을 의미하는가? 이 같은
분열 상태, 에크만의 표현으로 '분열된 자아'에는 끔찍한 대가가
뒤따른다.

　　어떤 여성들에게 대리모가 되는 선택은 그가 과거의
삶에서 저지른 잘못에 속죄하고자 한 결과이기도 하다.
그게 임신중단 경험이건, 아이를 입양 보낸 일이건 말이다.
치료사이자 작가인 필리스 체슬러에 의하면 "대리모 행위는
많은 이에게 죄책감과 수치를 씻는 방법"이었다. 실제로
에크만이 썼듯이, 대리모 행위는 이 경험을 한 번이 아닌 여러
번 함으로써 고통을 마취시키려는 시도가 될 수 있었다. "많은
대리모가 애통함, 열망, 죄, 공허함이 뒤섞인 감정을 표현한다.
이때의 흔한 해법이, 이 모든 절차를 다시 거치는 것이다."

　　하지만 에크만이 뒤이어 말하듯, "이는 영원히 끝나지
않는 상실의 고리다. 그는 아이를 통해 온전함의 감각을
되살린 바로 그 자리에서 그것을 다시 잃고 또다시 처음부터
시작한다"(pp.182-183).

　　우리가 진정 여성들에게 스스로 이런 고통을 가하도록
적극 독려하고, 이 모든 것이 타인을 돕고자 하는 사랑 넘치고
친절하고 배려심 많은 개인의 행위라는 미명을 씌워야 할까?
이른 아동기부터 여자아이들은 자신보다 타인을 우선하고
다른 이의 채워지지 않은 열망을 위해 '사랑'을 실천한다. 이는
대리모 우호 로비 진영이 만들어내는 착취적인 담론과 잘 맞아
떨어진다. 로비 집단은 여성들을 절박하고 슬픈 부부에게

삶이라는 선물, 즉 아기를 주는 '천사'로 묘사하며 칭송한다.

2장에서 논했던 '선택'의 문제를 다시 생각해보자. 사회
전체가 자신의 안녕을 해쳐서라도 타인을 우선시하는 여성을
대우한다면 이것을 '선택', 자유 의지, '행위자성'이라 부를 수
있을까? 나는 특히 의뢰자로부터 선물 샤워를 받고, 휴가를
얻고, 임신 전과 임신 중에 매일 대화를 나누지만 아기가 나온
직후 내쳐지는 대리모들의 이야기를 읽으며 고통스러웠다.
대리모는 여전히 순교자로 살아가고 사람들은 그것을
'선택'이라고 부르며 슬프게도 가부장제 사회에서 드높게
칭송한다. 한 생모는 다음과 같이 회상한다.

> 나는 제왕절개로 어렵게 분만을 했다. 독감에 걸렸기
> 때문에 폐허탈 증세가 왔지만 일 분 일 초 가치가
> 있었다. 내가 만일 아이를 낳다가 죽는다면 그것은
> 죽음을 맞는 제일 좋은 방법일 것이다. 선한 대의를 위해
> 죽은 것이기 때문이다(p.182).

당연히 이런 자멸적인 행위는 칭송되어선 안 된다. 오히려
가능한 가장 강력한 말로 그 힘을 무너뜨려야 한다. 이 여성
'자신의' 아이들은 이 말을 듣고 어떻게 반응하겠는가?
가부장제의 동화 속에서 자기를 희생하는 영웅의 빛나는
예라고 생각하겠는가, 아니면 더 고결한 목표를 위해 자신들을
어머니 없는 자식으로 만들기로 '선택한' 비정한 인간이라고
보겠는가?

대리모가 '윤리적'일 수 있다는 주장을 고수한다면 이런

행위들을 부추겨서는 안 된다. 이는 여성 개인에게는 물론 여성이라는 성적 계급에도 명백히 독이다.

한편 필요에 의해서 대리모가 되는 많은 빈곤층 여성이 있다. 이 사실은 대리모가 '일'로 고려되어야 하는가라는 질문으로 우리를 데려간다. 우리가 이것을 일로 본다면, 이는 '윤리적'이 될 수 있는 걸까? 1983년 안드레아 드워킨은 다음과 같이 지적했다.

> 국가는 어떤 성적, 재생산적 능력을 판매하는 일이 여성의 생존에 필수적인 것처럼 사회, 경제, 정치적인 상황을 만들어냈다. 그럼에도 이것을 파는 행위는 개인의 의지에서 발현된 행위처럼 여겨진다. 여성의 자유에 대해 거들먹거리며 말하는 이들이 열렬히 지키려 하는 유일한 종류의 여성 개인 의지 말이다. (…) 여성 개인이란, 그리고 그의 의지란 허상에 가깝다. 개인성이란 성별 계급으로서 정의되고 이용될 때 여성을 부정하는 바로 그것이기 때문이다(p.182).

따라서, 우리가 대리모를 일이라 부르기로 결정하고 이 일이 여성이라는 성별 계급에 속한 이들, 특히 그중 가난한 여성들에게 가혹하고 불공정한 경제적 현실로부터 생존할 수 있는 더 나은 기회를 준다고 말한다면 어떻게 되겠는가? 카일 스미스는 『포브스매거진』에 이것이 생각할 필요도 없는 결과를 불러오리라고 썼다(2013.10.3). 인도의 빈곤 지역인 구자라트 주 아난드에서 대리모 클리닉을 운영하는 재생산 전문의 나야나

파텔을 방문한 뒤 카일 스미스는 다음과 같은 감상을 남겼다.

> 파텔은 그가 감독하는 것이 '아기 공장'이라는 말에는
> 짜증을 냈다. 그러나 물론 그것이야말로 그가 하는 일을
> 잘 묘사한 말이다. 그리고 이 일은 전혀 문제될 것이
> 없으며 연관된 모두에게 이롭다. 이 새롭고도 혁신적인
> 시장은 거래를 원하는 구매자와 판매자를 끌어 모은다.

이어서 스미스는 말한다.

> 파텔의 '아기 공장'에 있는 여성들이 미국에서 최저
> 시급(혹은 불법 이민자라면 그보다 적은 돈)을 받고
> 화장실을 청소한다고 할 때, 서구인들은 대부분 이에
> 눈 하나 깜짝하지 않을 것이다. 그런 여성들에게
> 어마어마한 돈(그들에게는)을 주면서 태아를 품게 하는
> 일이 양심 없다고 말할 수 있는가?

카일 스미스가 내세운 이 무심한 방정식, 즉 화장실 청소와
아이를 임신 및 출산 행위와 등치시킨 공식과 "거래를 원하는
구매자와 판매자"를 한데 엮은 것은 '윤리적' 대리모에 대해
말하고 싶어하는 대리모 지지자가 보기에 다소 '저속할' 수 있다.
그러나 어쨌든, 대리모가 일로 정의된다면 이런 공식은 타당하게
여겨질 것이다.
 상업적 대리모를 노동으로 규정하고 노동법을
활용해 이 행위를 공정하고 정의롭게 만들고자 하는 '대리모

공정거래(2009년 의사 케이시 험버드가 주도)'에는 사회학자 암리타 판데를 비롯한 많은 작가가 함께했다. 남아프리카에서 일하고 있는 판데는 십여 년간 인도의 '포궁모'(그의 용어)에 대해 문화기술지 연구를 진행했는데 때문에 스스로를 대리모에 대한 권위자라 칭한다(Pande 2014 참조, 그외 Pande 2015 ; 2016 ; 2017).

　　판데는 대리모—그의 용어대로라면 '계약 임신'—를 인도의 거대한 비공식 노동 시장 안에 위치시킨다. 그는 대리모를 '선택'(선택 사항의 범주가 한정되어 있다 해도)이라고 보고 이것이 가사노동, '성노동'과 같으며 노동법과 기준에 의해 적절히 규제되어야 한다고 본다.

　　그는 오늘날 인도를 포함해 상업적 대리모 금지 조처를 시행하는 국가들에 무척이나 비판적이다. 왜냐하면 이는 "국제적인 문제를 제한적인 국내 법제를 통해서 해결하고자 하는 너무나 순진해 빠진 시도"(2017, p.328)이기 때문이다.[7] 다른 이유도 있다.

　　　　상업적 대리모는 생산과 재생산 간의 오래된 이분법에 강력한 도전을 제기한다. 여성의 재생산 능력은 소위 사적인 영역 바깥에서 가치 있게 여겨지고 현금화된다. 상업적 대리모를 통해 여성은 자신의 몸을, 포궁을, 때로는 가슴을 노동의 도구로 사용한다(2015, p.12, 강조는 저자).

그러나 '노동의 도구'에 관해 대리모 반대 진영이 언급을

하기도 전에 판데는 글을 다음과 같이 이어가면서 앞선 주장과
대치되는 문장을 내어 놓는다.

> 하지만 상업적 대리모는 젠더화된 이분법을 전복하는
> 동시에 강화하기도 한다. 여성의 재생산 가능한 몸이
> 노동 시장의 요구 조건이자 상품, 유일한 자원이 되고
> 생산 능력이 여성이 임금을 벌어들일 유일한 자산이 될
> 때, 여성은 필연적으로 재생산 능력으로 환원되며 이는
> 노동의 젠더 분업을 통해 역사적으로 구성된 역할을
> 다시 강화한다(같은 곳, 강조는 저자).

이는 페미니스트의 '스펙트럼' 혹은 지역과 상관없이
대부분이 동의할 훌륭한 주장이다. 그리고 대리모에 반대하는
탁월한 주장이기도 하다! 또한 이는 뿌리깊이 가부장적인
국가들—인도는 물론 다른 곳들도 마찬가지다—이 포궁모의
몸과 영혼을 '일'의 이름으로 상품화시키는 방향으로
나아가서는 안 되는 이유다. 모든 종류의 경제적, 사회적 차별로
인해 고통받는, 권리가 박탈되고 문맹인 수많은 여성의 어깨에
얹힌 빈곤이 덜어져야 하지만 이는 대리모나 성매매와 같이
여성의 신체를 팔거나 대여하는 방식이어서는 안 된다. 아기의
인신매매 혹은 판매가 소수의 여성과 그 가족을 빈곤으로부터
끌어낼 윤리적인 방법이 되어서도 안 된다.
       하지만 판데는 이를 둘 다 원하기 때문에, 우리는
포스트모던이라는 안개 속에서 그가 뒤이어 어떤 말을 할지
기다리게 된다.

그리고 세계화된 신자유주의적 시장 이데올로기가
승리한다. 암리타 판데는 일로서의 대리모에 전념하고 이를
우선하면서 가부장제가 여성을 '자연으로서' 구상하는 방식에
대한 스스로의 우려를 무시한다. 그는 우리의 유럽 중심적이고
'도덕주의적' 판단들을 대리모 폐지론자들과 연결시키면서
대리모를 피해자로 바라보는 대신 개발도상국가의 포궁모에게
'행위자성'을 부여한다.[8] 애석하게도 그는 대리모가 수반하는
수많은 층위의 위해를 무시한다.

그는 또한 '모럴 패닉'이라는 주장을 한다. 이는
태국, 네팔, 캄보디아, 멕시코 타바스코 주에서 상업적
대리모를 금지로 이끈 '패닉에 다다른 불안'으로부터
연원한다(2016, p.1). 결과적으로 판데는 2016년 8월 24일
인도 내각에 의해 승인된 대리모 (규제) 법안에 반대한다.[9]
인간생식배아관리국(HFEA)에 의해 만들어진 영국
가이드라인에 의하면, 이 법안은 인도의 대리모를 인도 내
이성애 기혼 부부의 친족이 소위 '이타적' 대리모를 실시하는
경우로 한정한다.[10] 이에 판데는 다음과 같이 말했다.

> 우리에게 필수적인 것은 대리모를 포궁이나 국가적
> 자원 혹은 무력한 피해자가 아닌 노동자로 보는 일이다.
> 그리하여 대리모는 그저 염려로 가득한 가부장 국가가
> 논의해 구조해야 할 존재가 아니라 스스로 논의를
> 활성화하고 대화에 참여할 수 있는 존재가 된다(2016,
> p.2).

판데는 또한 "인도 여성이 내리는 이 특별한 선택을 부정하는
것은 잘못"(강조는 저자)이라고 주장한다. 그에 따르면
이런 금지의 결과는 대리모를 '지하로 숨어들게' 만드는
것일 뿐이다. 노르딕 성 구매자 모델이 도입되었을 때와
똑같은 구식 자유주의 논거다. 그는 호주의 몇 주가 오래 전
성매매를 합법화했지만 '암시장'이 이미 2007년 기준 합법적
시장보다 네다섯 배 컸다는 사실을 모르거나 일부러 누락한
것 같다(Sullivan 2007, p.186). 이와 유사하게, 대리모가
합법인 미국 8개 주[11]에서 많은 이가 '저렴한 대리모'를 위해
개발도상국으로 향한다. 비록 인도나 다른 빈곤국이 규제
프레임 내에서 상업적 대리모를 합법화한다고 하더라도
'암시장'은 늘 있다. 이것의 번성을 막는 한 방법은 아기
구입자들의 출신국에서 강제적 정책을 통해 해외에서 아이를
공수해 고국에 데려가는 걸 범죄 행위로 만드는 것이다.(5장과
결론에서 호주 현행법을 거론했으나 이는 강제는 아니다.)
또한 교육 캠페인 역시 필요하다. 대리모가 여성과 아이에 대한
착취임을 알리면 이에 대한 수요는 줄어들 수 있다. 이 행위가
비윤리적—'깨이지 않은' 사람들이나 하는 일—으로 보일
것이기 때문이다(결론 195쪽 참조).[12]
         대리모가 '일'이 되면 이것이 윤리적일 수 있는가라는
질문으로 돌아가면, 이를 통해 포궁모로 하여금 더 나은 조건,
더 높은 급여나 건강 보호, 작업장 개선을 위한 노동 및 직업
보건 정책 활용이 이루어질 수 있다는 암리타 판데의 주장은
무척이나 강력한 흥미를 불러일으킨다. 판데나 다른 '일로서의
대리모' 이데올로기를 지지하는 이들은 아이를 낳고 기르는

'직업'이 실제로 무엇을 포괄하는지 정의하려 하지 않기
때문이다.

그저 기본적인 것만 따져봐도, 대리모 채용 과정에서는
여성의 개인적, 사회적 상황에 대한 짜증나는 호구 조사가
실시된다. 그리고 이어질 아홉 달 동안 따라야 할 '규칙'(예를
들어 엄격한 식이요법 혹은 남편과의 성관계 금지)이 고지된다.
그러고 나면 신체를 배아 주입에 적절하도록 준비시키기
위해 때로 심각한 부작용을 야기하는 수십 발의 주사를 놓고
여성을 건강한 아기 캐리어로 만들기 위한 초음파 검사 등의
의료 검사가 진행된다. 그다음이 배아 '채취' 그리고 임신
성립이다. 이제 며칠 혹은 몇 달 동안 아침마다 입덧을 느끼는
나날이다. 더 많은 약물 및 보조제와 함께. 이때 질문은,
대리모 '노동자'는 임신 초기인 3개월이 지나고 나서 태아가 잘
발달되었음이 확인되면 보너스를 받는가? 하루 24시간 밤낮
없이 9개월 동안 진행되는 연속 근무와 주말 업무에 대해서는
추가 수당이 지급되는가?[13] 휴일 수당은 어떻게 책정되는가?
휴일을 단 하루도 가질 수 없다는 사실은 제외하고라도
말이다. 적절하지만 지나치지는 않은 정도로 체중을 늘리고,
유산하지 않고, '태아 감소술'로부터 살아남았을 때 주어지는
보상의 정도는 어떠한가? 출산이 다가왔을 때 만일 아기가
임신부의 잠을 방해하고, 임신성 당뇨를 유발하고, 계속해서
몸 상태를 나쁘게 만들어서 우울증을 겪는다면?(이때 복용할
약은 늘어나고 부작용은 추가된다.) 이 여성이 임신 후기에
태아와 산모의 목숨을 위협하며 추가적으로 몇 주간을
침대에서 지내야 하는 전자간증, 전치태반, 태반 박리를 겪게

된다면?(발생 확률은 '공여자'의 난자를 사용했을 때 높아진다. 2장 42쪽 참조.) 이 부작용에 대해 직업 및 보건 감독관은 뭐라고 말할 것인가? 이는 급여에 어떤 영향을 미칠 것인가? 지불 금액을 올릴 것인가 내릴 것인가? 마지막으로, 대부분의 대리임신은 미리 협상되지 않은 제왕절개로 끝난다.(대체로 아기가 조산된다.) 제왕절개는 생모에게 더욱 부담이 크며 회복에 더 많은 시간을 요한다. '출산 노동자'라면 제왕절개 시 최종 보너스를 기대해 마땅하다.

임신과 출산의 과정을 '일'로 정의하고자 하는 것이 얼마나 어리석은지는 앞서의 불완전한 묘사만으로도 알 수 있을 것이다. 임신 대리모가 9개월 동안 발달 중인 태아와 관계 맺으며 겪는 다양한 경험(자기 아이에 대한 그리움, 브로커가 미리 고지하지 않고 실시하는 건강 검진, 아기 구입자가 아기의 성장 상태를 염려하며 매일 거는 화상전화 등)은 언급하지도 않았다. 그리고 대리모가 아기를 의뢰인 모부에게 건네는 생각을 할 때 마침 태아가 뱃속에서 딸꾹질을 하거나 태동을 보인다면?

나는 이렇듯 '대리모 노동자'가 맡는 직무 목록을 제대로 만들기란 불가능하고 이 때문에 임신과 출산을 '일'로 보고자 하는 자들이 이 복잡한 과정을 묘사하기조차 삼가게 되었다고 본다.

하지만 다른 이유도 있다. 임신한 여성—그가 대리모건 '진짜' 어머니건 간에—과 발달 중인 아기 간에 공생적 관계가 있음을 인정하면 이는 '아기 만들기'를 난자, 정자, 포궁, 전능한 유전자를 조각조각 결합해서 이루어낸 기술적 성과로 바라보는 체외수정과 대리모의 원 서사와 배치된다. 이 원 서사는 결합된

난자와 정자를 3킬로그램짜리 아기로 키워내는 살아 있는
여성의 신체라는 현실을 소거한다. 잠재적 아기 구입자들은
대리모를 세균 배양 접시로 간주함으로써 뒤따르는 불편한
질문들을 없애버린다.

　　나의 이런 생각은 대리모를 복잡하고 여성혐오적인
세계 자본주의 시장, 특히 빈곤국 내의 '노동'으로 보았을 때의
유익한 영향을 이해하지 못하고 이 현상을 너무나 '문자 그대로'
해석했다고 비난받을 것이다.[14]

　　다시 한 번 말하지만 나는 이 현상을 성매매와 나란히
놓는다. 성 판매 생존자들이 폭력과 모욕, 학대에 대한
경험을 상술할 때, 이들은 '성노동' 활동가들에 의하여 너무나
히스테릭하고 나약하며, 성 구매자가 제공하는 '쾌락'을 즐기지
못한다는 죄목으로 입이 막힌다. 그리고 대가로 돈을 받았으니
(약간의) 부정적인 결과는 성숙하게 받아들이라는 훈계를
당한다. 모든 직업엔 단점이 있지 않은가(Norma and Tankard
Reist 2016 참조)?

　　시드니대학의 멜린다 쿠퍼와 같이 일로서의 대리모를
염불처럼 외는 이들이 지지하는 또 다른 주장은 이 문제를
"친밀한 것들이 상업화되는 일의 메스꺼움" 탓으로 돌리는
것이다. 그는 왜 "노동자로서 대리모가 신체를 제공하는 일을
생각하기가 이토록 어려운지" 묻는 기자에게 이렇게 대답했다.

　　　노동이 신체화되고 친밀해지면 사람들은 움찔 놀란다.
　　　이는 도덕적 거부감의 한 요소다. 유급 노동이 몸이나
　　　대리모와 같이 가족관계의 섹슈얼리티를 건드리면

사람들은 감상적이 되며 이를 노동의 범주 바깥으로
빼고 싶어한다. (…) 상업적 계약에 따라 몸을 제공하는
것이 존엄한 일이라 생각지 않는 것이다(Wade 2017).

나는 대리모 폐지론자들이 아이의 몸과 영혼을 길러내고 낳는
과정과 같은 '친밀한 것들'에 '메스꺼움'을 느끼기 때문에 그와
같은 입장을 취한다고 생각하지 않는다. 또한 우리가 부유한
구매자들이 자본주의 시장 안에서 여성의 재생산 능력을
착취하는 과정을 '감상적'으로 바라본다는 의견을 거부한다.
반대로, 나는 우리가 대리모 노동 지지자들의 말을 구체적으로
듣고 이를 가능한 가장 강력한 용어로 반대해야 한다고 본다.
        예를 들어서, 암리타 판데는 우리의 분노를
불러일으키는 인용문을 실은 적이 있다. 그가 인터뷰한
'포궁모'의 말이었다.

        내가 이곳에 왔을 때 의사는 내가 주사나 약물 같은
        모든 종류의 처치를 받을 준비가 되어 있다고 말했다.
        나는 통증과 출혈로 고생을 했다. 그리고 두 번의 마비를
        겪고 입원해야 했다. 약물 부작용 때문이었다. 하지만
        나는 고통에 대해서 불평하는 것이 아니다. 남편이
        아이들 앞에서 나를 때리곤 할 때에는 울고, 염려하고,
        항의했었다. 그러나 지금 내 몸에 가해진 고통은 내가
        기꺼이 겪기로 한 것이며 이는 헛되지 않다. 나는 나를
        충분히 만족시켜줄 만큼의 돈을 얻을 것이다(Pande
        2015, p.6).

그래서 암리타 판데는 이 여성을 보건소에 데려가 그가
괜찮은지 검진하고 비용을 지불해주었는가? 혹은 너무 많은
'주사와 약물'은 여성의 건강에 재앙과도 같은 결과를 낳을
수 있다고 은근히라도 말해주었는가? 증상은 종종 수년 뒤
나타나므로, 건강을 꼼꼼히 체크해야 한다고 말해주었는가?
무엇보다, 남편으로부터 학대당한 여성이 남편에게 맞은
고통과 타인을 위한 임신 과정에서 몸을 '준비'시키는 의료
조치로 인한 고통을 비교한다는 것이 무엇을 의미하는지
고찰해보았는가? 남편이 아내를 구타하여 유발하는 고통을
규탄하는 사회는 왜 이 다른 고통은 규탄하지 않는가? 판데는
이런 부작용들이 대리모에 내재된 위험임을 발견하고 이를
중단하기 위한 캠페인을 시작할 수도 있지 않았을까?

　　　나는 그의 반응이 무엇이었는지 알지 못한다. 그러나
연구 이래로 판데는 일로서의 대리모를 위한 운동에 헌신하며
"대리모를 통해 벌어들인 돈은 긍지의 원천이 되기도 하고,
여성의 생산성을 나타내는 지표가 되기도 한다"고 말한다(p.6).
물론 그럴 수도 있겠지만, 전 세계적인 인간 존엄성과 인권은
인간에게 해를 미치지 않아야 한다는 철학에 의거해 있으므로
그에 기반하는 윤리적 프레임워크 내에서 위험하고 착취적인
성격의 대리모를 정당화하기는 불가능하다.

　　　다른 연구자인 실라 사라바난 역시 인도의 대리모에 대한
문화기술지적 연구를 진행했는데, 그는 판데가 대리모를 "노동,
고용, 임금의 원천이며, 훨씬 보수가 좋기에 많은 여성이 고르는
보편적인 선택지"라고 강조한 데 반대한다. 그는 다음과 같이
말했다(Saravanan, 2018).

인도의 대리모들이 쓰는 단어, '캄(kaam)'은
언어학적으로 완전히 오역되고 있다. 그들에게
대리모를 하게 된 동기를 물으면 'hum achha kaam
kar rahe hain'이라고 답하곤 한다. 캄은 '행위'나
'일'이라고 직역되지만 대리모가 '아차 캄'이라고 말할
때 그 뜻은 '선한 일' '고귀한 업적'이라는 뜻이다. 이는
노동으로서의 대리모보다는 이타적인 동기와 관련이
있다. 인도 문화의 맥락 내에서 성매매나 부정직함은
나쁜 '카르마', 즉 나쁜 업으로 여겨지고 체외수정은
누군가와 잠을 자지 않고도 부부에게 아이를 안겨주기
때문에 이는 '아차 캄'인 것이다. 그들에게 대리모는
모든 여성이 커리어에서 고려해야 할 직업적 선택지도,
정부가 널리 권장해야 할 일자리도 아니다. 그러나
그들은 이것을 미래의 딸에게 권할 만하다고도 결코
생각지 않는다.

사라바난은 이어서 말한다.

나와의 인터뷰에서 한 대리모는 이렇게 말했다. "나는
이것을 내 아이들 때문에 했다. 이 고통을 지나 내
아이들이 더 나은 미래를 가지고, 좋은 학교에 가고, 더
나은 교육을 받아서, 살면서 이런 일 근처에도 가지 않고
다른 일을 해서 먹고 살 수 있기를 바란다."

성매매와 마찬가지로, 대리모 역시 이를 수행하는 여성이

어려운 상황에 있다고 해서 이들을 비난해서는 안 된다는 점을
이해하는 것이 무척 중요하다. 비판받고 해부되어야 할 것은 이
'서비스'에 대한 수요다. 불임 부부와 게이 남성들을 대상으로
전 세계적인 광고 캠페인이 진행되고 수없이 많은 돈이
흘러들어가는 초국경적 산업이 커져간다. 문자 그대로 여성의
살로 만들어진 돈이다.

　　『육신이 현금으로: (초)국경적 재생산의 형성』의 저자
쿰쿰 상가리는 인도의 성 감별에 대해 수십 년간 꾸준히 저항을
이어왔다. 이제 대리모라는 주제에도 저항하는 그는 이 신기루를
아이러니라고 평가한다.

> [대리모 이슈에서는] 재산 없는 여성들이 자산가로
> 변모한다. 현금화할 수 있는 난자와 포궁의 소유주가
> 되었기 때문이다. 그는 잠재적인 자원, 자영업자로서의
> 능력, 숨은 자본인 몸과 노동을 가지고 있으므로 사실은
> 가난하지 않다(2015, p.102).

그리고 나아가 그는 묻는다. "대리모의 노동 시간과 위험은 기업
관리자, 의사, 혹은 비공식 서비스 영역의 저임금자 가운데 어떤
직업적 수준에 맞추어 계산되어야 할 것인가?"

　　이와 같은 질문은 대리모를 '일'이라고 부를 때 나오게
된다. 대리모 혹은 성 판매 여성이 자신의 자산화된 몸과 '노동'에
대해서 충분한 대가를 얻지 못하리라는 것은 말할 필요도
없는 사실이다. 해당 노동을 통해서 창출된 이익은 중산층을
비롯한 산업 내부의 남성들에게로 흘러 들어간다. 대리모를

지지하는 좋은 이들이 믿는 좋은 수입은 대체로 망상이다.
대리모 여성들은 대체로 빈궁하며 경계에서 아슬아슬하게
살아간다. 이는 내게 아프리카로부터 넘어온 노예들의 삶의
질이 아프리카에서 살던 때보다 플랜테이션 농장에서 일할 때
훨씬 '우수할' 것이라 단언하던 18세기 미국인 노예 소유주들을
연상케 한다(Raymond 2013, p.xxxiv).

        이런 말들은 무력한 이들의 몸과 영혼을 필요로 하는 힘
있는 이들로부터 나왔다. 그리하여 이들은 국경을 넘는 제국을
짓고 부도덕한 부를 축적할 수 있다. 이에 대한 저항이 필요한
시점이다(6장 참조).

        대리모를 '일'이라 부른다 해서 대리모가 윤리적인 것이
되지는 않는다.

        대리모가 윤리적일 수 있다는 주장에는 또 다른
문제가 있다. 바로 임신 내내 관여하는 우생학의 존재다.
영국 맨체스터의 프리메이사 헬스 사에서 발명한 IONA
테스트[15] 혹은 스위스 게노마 사가 개발한 트랜퀼리티 같은
비침습적 산전 검사(NIPTs)의 활용이 늘어나면서부터, 모든
임신부는 다운증후군이나 다른 염색체 이상뿐 아니라 태아
성 감별 검사도 함께 받았다. 산전 검사는 임신 10주까지
가능하다. 유전자 이상이 감지되었을 때 진행되는 유일한
'해법'은 임신중단인데, 국제 메타 분석이 경고하기로 이 중
92.2퍼센트가 여아를 대상으로 '선택'된다(Achtelik 2015, p.58).

        심지어 대리모가 되는 데 동의한 여성들은 이 문제에서
'선택'을 더 적게 한다. 아이 구입자들은 '완벽한' 아이를 원하고,
이미 정자와 '공여된' 혹은 구입된 난자들은 유전자 결함을

진단받는다(허용된 곳에서는 성별도). 그리고 정자와 난자가
결합되어 수정란이 만들어지면 배아로부터 세포 하나를
떼어내 착상 전 유전자 진단(PGD)을 시행해 '품질 검사'를
실시한다. '결함 없는' 배아만 대리모의 포궁으로 주입될 수
있다. 산전 검사나 초음파는 몇 번이고 계속되고 임신중단이
필요한 것으로 나타나면 임신부는 이에 따라야만 한다. 계약이
이를 명시하고 있기 때문이다. 나는 이를 강압이라고 부른다.
대리모를 윤리적이라고 부를 여지를 박탈하기 위함이다.

　　　암리타 판데는 이 논의와 관련해 또 다른 심기
불편한 측면 하나를 더한다. 그의 연구에 인용된 참여자들의
목소리는 그 자신의 것처럼 되어 있는데, 그는 다른 이들을
위해 아이를 가지는 조치는 아시아와 아프리카의 낮은 계층
여성들이 아이를 가지지 못하도록 했던 수십 년짜리 국가
인구 통제 정책에 기여할 것이라고 이야기한다. 판데는 이를
신우생학이라 불렀으며 나 역시 동의한다.[16] 36세 인도인 여성
파르바티는 그가 대리모 클리닉에 들어섰을 때를 기억한다.

　　　　처음 의사를 보았을 때 그는 내가 난자를 공여하기에
　　　　너무 나이가 들었지만 대리모를 할 수는 있을 거라고
　　　　말했다. 나는 주사나 질 검사와 같은 처치를 거쳤다.
　　　　이런 초기 검사를 진행하는 동안 의사는 내가 내
　　　　아이를 임신했다는 것을 알아냈다. 우리는 아이가 한
　　　　명뿐이었고 한 명을 더 낳고 싶었다. 그러나 당시에
　　　　우리는 아이보다 돈이 더 필요했으므로 임신중단을
　　　　했다.

아이에 대한 값을 지불할 능력이 되는 타인에게 아이를
낳아주는 대리모 '노동'에 적합한 몸을 준비하기 위해 자신이
가진 아이를 임신중단하는 일은 틀림없이 내가 들어본 중
가장 슬픈 이야기다. 이는 여성의 빈곤을 이용해 그들의
규칙을 강요하는 국제 대리모 산업의 냉담함을 보여준다. 이어
이 장에서 던진 질문에 단호한 답을 내어놓는다. "대리모는
윤리적일 수 있는가?" "아니다."

　　　다음 장에서는 상업적 혹은 소위 이타적 대리모에 대한
규제가 답이 될 수 있는지를 다루고자 한다.

"하지만 가엾은 게이
남성들이 그토록 아기를
원하는데 대리모는
안 된다고 할 수는
없잖아요."

규제는 답이 될 수 있는가?

대리모를 허용하되 세부
규제 사항을 만들면 된다는
말은 가장 근본적인 질문을
던지지 않는다. 규제가 문제의
해답이라는 주장이 대리모
시스템을 지속시킨다.

5장

규제에 초점을 맞출 때의 근본적인 문제는 이러한 접근이
문제의 뿌리를 보지 못하게 만든다는 점이다. 대리모를
'규제'하려는 시도는 여성을 대리모로 구입하거나 대여하고
난자 '공여자'의 건강을 위험에 빠뜨리는 이러한 행위가
정당화될 수 있는가라는 기본적 질문을 던지지 않는다. 그
누가 아직 수태되지 않은 아이를 사거나 인신매매하는 계약을
맺을 권리를 가졌는지도 묻지 않는다. 또한 이 착취의 과정에
관련된 이들이 누구인지도 정확히 밝혀지지 않았다. 만일 그런
조사가 이루어졌더라면 이들이 부유한 계층의 가족, 부부,
개인, 이성애자 혹은 동성애자로 이루어져 있음이 금세 드러날
것이다. 이들은 자신의 불임성 혹은 유전적 아이를 낳을 수 없는
상황에 대한 고통을 이유로 아이를 살 권리 혹은 적어도 소위
이타적 대리모를 통해 아이를 얻어낼 자격이 있다고 여긴다.

　　규제의 체계는 여성과 남성, 빈곤층과 부유층, 인종
위계와 같은 다양한 사회적 계층 사이에 힘의 차이가 존재하는
신자유주의 자본주의 세계 내에 위치한다. 예를 들어 미국에는
대리모가 되도록 부추겨지는 한 여성 집단이 존재한다. 바로
수입이 낮은 군인의 부인들이다. 미국의 페미니스트 비평가
캐시 슬론은 다음과 같이 말했다.

　　　　지역에 따라 차이가 있지만 미국 내 군인 부인의
　　　　20퍼센트에서 50퍼센트가 대리모를 하는 것으로
　　　　추정된다. 이들은 저소득(연봉 약 1만6000불에서 3만
　　　　불 사이)이며 굉장히 이른 나이에 결혼해 아이를 낳기
　　　　때문에 검증된 번식용 가축처럼 여겨진다. (…) 그들의

남편이 외국에서 나라를 위해 봉사하는 동안 그들도
집에서 '봉사'를 할 수 있다는 것이다(Sloan 2017.4.24).

이때 질문은 이렇게 쉽게 특정한 목표 층에 겨냥되는 착취를
어떻게 '규제'하느냐는 것이다. 이 질문은 당연히 빈곤국에서
더더욱 딱 들어맞는다.

규제적 접근에서 대리모라는 범주를 단호히 거부하는
근본적인 분석은 절대 등장하지도 숙고되지도 않는다. 혹은
다르게 말하면, 규제 관련 조사는 바닥부터 시작해 대리모가
폐지되어야 하는지 묻는 대신 중간에서 시작하면서 대리모의
다양한 측면 가운데 무엇이 규제될 수 있고 혹은 그래야 하는지
질문한다. 이는 사안의 본질을 이해하기 위한 전체적인 탐색이
아닌 대리모로부터 생겨나는 다양한 문제에 대한 부분적인
해체에 불과하다. 규제가 대리모 시스템의 지속을 가능케 한다.
규제는 해체를 통한 단절을 제도화한다(관련 내용은 결론
182쪽 참조).[1]

그 결과는 법적 권고 사항들로 이루어진, 누구도
행복하지 않은 복잡한 미로다. 대리모를 폐지하고자 하는 이들은
만족하지 못한다. 그러나 아기 구입자도 마찬가지다. 이들은
법이 너무 제한적이라고 여긴다. 이 현상에 비교해보기로는
성매매 규제 이야기가 적절할 듯싶다. 독일, 네덜란드, 호주의
여러 주에서 성매매를 합법화하자 2007년에 이미 합법적
산업의 네다섯 배에 달하는 규모의 불법 성매매 시장이
형성되는 결과로 이어졌다(Sullivan 2007, p.186). 이 규제
체계를 고안하는 장황한 과정에서 득을 본 유일한 자들은

변호사였다. 그리고 체외수정 산업과 그 시녀들† 즉 대리모에
찬성하는 소비자 집단이다. 그들은 고객이 원하고 그리하여
돈을 내게 할 구멍을 반드시 찾아낸다.

이는 2015~2016년 호주 의회가 대리모 관련 조사를 했을
때 일어난 일과 정확히 일치한다.

대리모 시스템으로 연관된 사람들 사이에 권력 차가
있다는 데에 의심을 가지는 이들이 있다면 이는 각 참여자들의
경제적 지위를 조사하는 것으로 명쾌하게 해소되리라고 본다.
21세기 초반 십 년간, 부유한 아기 구입자들을 위해 인도와
같은 빈곤국에서 행해지는 대리모 산업의 규모는 막대하게
확장되었다. 한편 안드레아 드워킨이나 지나 코리아가
1980년대에 예견했던 것(6장 128쪽과 결론 193쪽 참조)과
같이 임신 기간 내내 마치 노예와 같은 조건으로 대리모 시설에
갇혀 지내는 빈곤층 혹은 하층 인도 여성들에게 가해진 착취를
향한 비판도 확장되었다. 2009년 지피 브랜드 프랭크가 만든
다큐멘터리 「구글 베이비」나 2010년 레베카 헤이모위츠와
바이샬리 신하가 만든 「메이드 인 인디아」는 빈곤한 여성이
대리모로서 겪는 착취를 적나라하게 보여주었다.[2]

호주에서는, 빅토리아 주가 1995년 이래로 2010년에
처음 새로운 법을 만들어냈다. 소위 '이타적' 대리모를 면밀한
규제하에 허용하는 법안이었다(6장
156쪽 참조). 대리모를 둘러싼 토론은
2006년 재점화됐는데, 계기는 당시
노동당 의원으로 빅토리아 주에
거주하는 스티븐 콘로이가 부인과 함께

† 여성을 강제로
임신시키는 설정의
마거릿 애트우드의
소설 『시녀 이야기』를
인용─옮긴이

뉴스 헤드라인에 등장한 사건으로부터 비롯되었다. 난소암으로
포궁절제술을 받은 부인과 그는 뉴사우스웨일스에서 체외수정
대리모를 이용했다. 이들은 두 '친구'를 난자 '공여자'와
대리모로 이용했다. 이때 잔고를 불릴 기회를 감지하고 나선
멜버른 체외수정 클리닉의 의사 존 맥베인은 호주에서 상업적
대리모를 합법화하자는 공개 청원을 제출했으나 이는 실패로
끝났다(Singer 2009.3.17).

　　이 책의 인쇄를 앞두고 있던 2017년 7월 무렵, 상업적
대리모는 호주의 일곱 개 주와 지역 모두에서 금지였다.[3] 2011년
뉴사우스웨일스 주와 퀸즐랜드, 호주 수도 특별 구역은 해당 주
거주민 가운데 대리모를 이용하기 위해 해외로 나서는 이들을
범죄자로 규정하는 법안을 통과시켰다. 그러나 안타깝게도
오늘날 이 법안은 결코 강제되지 않으며 오히려 이 법안의
도입은 대리모 우호 진영의 활동을 왕성하게 만들었다. 특히
앞서 언급한 샘 에버링엄이 그중 하나다. 그는 자신 역시
인도에서 아기를 구입했으며 2010년 '호주 대리모'를 창립하고
나중에는 '대리모를 통한 가족'의 대표를 맡았다. 에버링엄이
분명히 진술하듯, 대리모 우호 진영의 목표는 호주 안에 상업적
대리모를 도입하는 것이다.

　　2014년 12월, 사회 정책과 법률에 대한 초당적
하원위원회는 2015년 2월과 3월 호주 내 대리모 실태와 규제
방안, 전 세계적으로 이루어지고 있는 대리모 알선 현황이라는
두 부분으로 나누어 세션을 진행했다.

　　위원회 구성을 공평하게 하기 위해 '친권을 포기한
어머니 연합'의 조 프레이저, 정보와 자조를 위한 빅토리아 주

입양 네트워크의 페니 매키슨, 공여자의 아이들을 오랫동안
지지해온 소니아 앨런, 핀레이지의 대표인 나 등 대리모에
반대하는 이들도 초대되었다. 그러나 회의에서 우리는 '호주
대리모'와 '대리모를 통한 가족'의 샘 에버링엄, 지역의 저명한
체외수정 의사, 대리모 지지 변호사로 알려진 스티븐 페이지,
대리모를 칭송하는 불임 상담사 등 대리모에 우호적인 이의 수가
훨씬 많다는 것을 알게 되었다. 그뿐 아니라 위원회 구성원과
대리모 우호 집단 간의 불순한 동맹을 통해 이미 회의가
이루어지기도 전에 공식적 의회 조사에서 무엇을 진행할지가
이미 결정되어 있었다는 점도 알게 되었다.[4]

　　2015년 12월 2일, 사회 정책과 법률 위원회는 '국내외
대리모 알선 현황의 규제 및 법제 조사'를 요청하며 위원회에
2016년 2월까지 의견안을 제출할 것을 요구했다.

　　위원회는 124개의 의견안을 전달받았는데, 여기에는
호주에서 상업적 대리모가 허용되어 있지 않기 때문에 자신의
가족을 구성할 '권리'가 박탈되었다고 주장하는 개인들의
의견이 많이 담겨 있었다. 이 의견들이 대리모와 난자 제공자
그리고 이를 통해 태어난 아이가 받을 수 있는 위해를 생각조차
못 한다는 점은 읽는 내내 불쾌감을 주었다. 이들은 호주의
의원들이 상업적 대리모를 규제해야 한다는 깊은 신념을 가지고
있었다. 개인들이 말하는 많은 문제는 '카운슬링'—의심의 여지
없이 체외수정 사업가들이 제공할—으로 극복될 수 있었다.
다른 의견안 가운데 비판적인 내용이 담긴 것은 대체로 법학자,
판사, 친권을 포기한 모친, 공여자 집단, 종교 단체, 핀레이지와
여성 생명윤리 연맹을 포함한 페미니스트 단체 등으로부터

나왔다.[5]

　　2016년 7월 2일 연방 선거가 진행될 예정이었기 때문에
위원회는 약식으로 일을 처리하고「대리모는 중요하다」라는
조사 보고서를 2016년 5월 4일에 제출했다.[6] 이날은 정부가
임시 대행 상태로 들어가기 하루 전이었다.(그렇지 않았더라면
모든 조사가 수포가 되었을 것이다.) 정부는 권한 대행을 통해
조사 보고서에 대한 권고 사항을 6개월 내로 내도록 되어
있었지만 1년이 지나도 권한 대행이나 다른 정부 대표자들 중
누구도 대답을 하지 않았다. 이 같은 지연 사태는 무척 놀라운
것이었다. 특히나 대리모 우호 집단 혹은 개인들이 캄보디아에서
일어난 대리모 관련 사건들의 파문에도 불구하고 계속해서
로비를 진행하던 중이었음을 고려하면 더욱 그랬다(결론 179쪽
참조).

　　2016년 조사 보고서는 호주에서 상업적 대리모는
불법이어야 한다고 권고한다. 하지만 안타깝게도 '이타적'
대리모에 한해서는 모든 주와 지역에서 최적의 법제를 마련해야
한다고 권유하고 있다. 다른 말로 하자면, 지역마다 다른 현행
대리모 관련 법이 "국가의 일관된 법적 기준틀"로 대체되어야
한다는 뜻이다. 이 목표를 달성하기 위해 조사 보고서는 다음과
같은 권고 사항을 내놓는다.

　　　　호주 정부가 호주 법 개혁 위원회에 이타적 대리모를
　　　　규제하는 국가법 모델 개발을 맡길 것을 권고한다. 이
　　　　모델에서는 다음 네 가지 주요 원칙을 고려해야 할
　　　　것이다. 아이를 위한 최선의 이익, 대리모가 사전 고지를

받고 자유롭게 결정을 내릴 수 있는 능력, 대리모가
착취로부터 안전할 수 있도록 보장, 모부-아이 간 관계에
대한 법적 명확성이 그것이다(조사 보고서, 2016,
p. v-vi).

법 개혁 위원회는 12개월 내에 호주 각 지역의 '이타적' 대리모
법안에 대한 조사를 실시해 국가 모델을 만들도록 지시받았다.
6개월 내에, 권한 대행은 호주 정부 연석회의가 국가적 통일
법안의 전반적 적절성 및 제안된 모델과 관련해 모든 지역과의
협의에 전념하도록 해야 한다. 조사 보고서는 이 협의 기간이
12개월을 넘지 않도록 제안했다(p.20).

　　대리모에 반대하는 우리는 호주 내에서 상업적 대리모를
금지해야 한다는 조사 보고서의 권고에 안도했다. 그러나 우리
중 대부분은 소위 이타적 대리모에도 반대하며, 따라서 비용을
치르지 않는 대리모에 대해 최적의 국가법 모델을 개발하도록
하는 권고에 만족할 수 없다. 그럼에도 우리는 최소한 조사
보고서가 심사숙고해서 장기적인 틀을 내놓았음에, 그리고 이
새로운 법안이 적절한지 토의하도록 권고했음에 다행스러운
마음을 갖기도 한다. 이 법안이 실행되는 데만도 최소 2년이
더 필요할 것이다. 어쨌든 이는 호주 내에서 '이타적' 대리모가
당분간은 (여태까지 연방법 혹은 개별 주/지역 법에 의거해
합당함이 밝혀진) 통일된 법에 의해 촉진되지는 않으리라는
희망적인 신호다. 또한 이타적 대리모에 대한 국가법 모델을
고려하고 초안을 작성하는 여러 단계를 거치는 동안, 대리모
반대 집단들은 이 숙고 과정에 더 많은 조언을 제공할 수 있다.

반면, 안타깝게도 협의 기간에서 예상했듯이 정부의
요구에 의해 제출한 의견서에서 위원회는 대리모 행위 자체가
애초에 도덕적, 윤리적, 법적으로 방어 가능한 행위인지를
고려하지 않았다. 이들은 문제의 핵심으로 들어가 근본적인
질문을 던지지 않았다. 대신, 2016년 조사 보고서「대리모는
중요하다」는 대리모를 규제할 법을 권고하는 모범으로 꼽히고
있다. 해당 보고서가 권고한 법안 가운데 일부는 무척이나
모호하고, 만일 시행된다면 쉽게 위반될 여지가 있다. 위원회는
호주 정부가 국가 예산을 들여 대리모 중단을 독려하는 전국적
교육 캠페인을 하도록 제안할 기회를 놓쳤다. 위원회의
헌장에서 대리모란 이미 존재하는 것이고 중단은 당연히
불가능한 듯 전제된다. 50년 전의 의원들은 흡연에 대해 이와
똑같이 생각했었다!

　　　여기에 의회 위원회 헌장 전문을 첨부한다. 크고
작은 규제 관련 문제가 뒤섞여 큰 그림을 그리는 데 필요한
문제들은 오히려 프레임 바깥으로 빠져 있음이 한눈에 보이기
때문이다. 바로 '나무를 보느라 숲을 보지 못하는' 문제로, 이는
여성과 아동의 인권을 침해하는 행위를 멈추는 데 도움이 되지
못한다(p. ix). 사실 나는 대리모 행위를 규제하려는 시도가 이를
정당화한다고 단언한다.

　　　한편 헌장을 첨부한 다른 이유는, 규제를 목적으로
대리모에 대한 의회 조사를 실시하는 어느 (서구) 국가든 이와
매우 유사한 결과를 낼 것이기 때문이다.

헌장

사회 정책 및 법률 사무 하원 상임위원회는 국내외 대리모 계약 규제 및 법안에 대한 측면을 조사하고 이에 대해 보고할 것이다. 해당 사안에 대한 본 위원회의 초점은 다음과 같다.

- 국내외 대리모를 규제하는 주 및 지역의 역할과 책임 및 현존하는 법안 간의 차이
- 대리모 의뢰자에 대한 규제 조건을 포함해 대리모에 관여되는 모든 당사자의 의료 및 복지 관련 사항, 의료·복지·여타 서비스 제공자의 역할
- 아동을 포함해 대리모에 관여되는 모든 당사자에 대한 사전 동의, 착취, 보상 지급, 권리 및 보호와 관련해 제기되는 문제들
- 유관 연방법, 정책, 조처(가족법, 이민, 시민권, 여권, 아동 보호 및 사생활 포함) 및 연방정부가 이 문제에 적절히 대응하여 아동을 포함한 당사자들을 더 잘 보호하기 위해 필요한 개선 조건(적절하고 바람직한 법안의 일관성을 포함하여)
- 호주의 국제적 의무 사항
- 대리모 계약에 관련된 이들(아동 포함)이 현재 이용할 수 있는 위험성, 권리, 보호에 관한 정보의 적절성
- 연방정부, 주, 지역 간의 공유 정보
- 국제적으로 대리모에 영향을 미칠 수 있는 타 국가의 법안, 정책 및 현행 사례

상기의 사항이 위해를 최소화하기 위한 권고라는 점은 명백해
보인다. 그리고 실제로 그러했다. 대리모가 <u>그 자체로</u> 인권
침해라고 주장하며 이를 거부하는 많은 의견서를 무시하고
위원회가 내세운 모든 권고안은 규제의 틀에 머무른다. 예를
들어 '이타적 대리모에 대한 정보의 적절성'이라는 문제에 대해
권고안의 제안은 다음과 같다.

> 정부 웹사이트에 <u>연방정부가 의료 서비스와 사회적</u>
> <u>안전망, 복지, 아동 보호 조치를 포함한 서비스를</u>
> <u>제공하고 지원한다</u>는 정보를 꾸준히 업데이트할
> 것(p.21, 강조는 저자)

다른 말로 하면, 연방정부는 '이타적' 대리모를 지지하며 이에
대한 어떤 비판적인 질문도 제기하지 않는다.

그러나 여기에는 엄청난 모순이 존재한다. 위원회는
아동 권리에 대한 국제연합 협약 조인을 포함한 "호주의 국제적
의무 사항"을 조사하는 일이 헌장의 다음 조항 "대리모 계약에
관련된 이들(아동 포함)이 현재 이용할 수 있는 위험성, 권리,
보호에 관한 정보의 적절성"에 위배된다는 점을 알지 못하는
듯 보인다. 핵심은 위험성이나 보호에 관한 정보가 옳으냐
그르냐가 아니다. 중요한 것은 아동 권리에 대한 국제연합
협약이 <u>대리모를 허용하지 않는다</u>는 점이다!

위원회가 이러한 국제적 의무를 모르고 있는 것이
아니다. 조사 보고서 28쪽에는 호주가 조인한 모든 협약과
조약이 목록화되어 있고 이 중엔 다음 내용도 포함되어 있다.

아동 권리에 대한 협약, 시민권 및 정치권에 대한
국제서약, 경제·사회·문화적 권리에 대한 국제서약,
특히 여성과 아동 대상 인신매매 예방·억제 및 처벌 관련
조약, 초국적 조직범죄에 대항하는 국제연합 협약(p.28)[7]

하지만 권한 대행은 "호주의 국제 인권 의무는 관할 권역에만
적용된다"고 언급했다. 다른 말로 하면, 그들은 호주 안에서
소위 이타적 대리모라고 불리는 사안이 이미 이 국제 조약을
위반한다는 사실을 간과하는 것이다.

　　나아가, 권한 대행은 다음과 같이 말한다.

국가의 주권 원칙에 따라, 대리모에 관련된 개인을
존중하는 유관 국제 인권 의무 사항은 해당 행위가
일어나는 주의 권한을 따른다(p.29).

문제 해결이다. 즉, 연방 정부 소관이 아니라는 뜻이다.
　　그럼에도 불구하고 위원회는 예정된 아기 구입자(소위
'의뢰 모부')가 뉴사우스웨일스, 호주 수도 특별 구역,
퀸즐랜드의 법을 기꺼이 무시한다는 것을 잘 알고 있다. 해당
지역에서 대리모 해외 원정은 범죄 행위에 속하나, 이 행위가
발각되었을 때 한 번도 벌금이나 징역형이 내려진 적이 없다.
적용 가능한 형량은 앞서 언급한 지역들에서 각각 최대 2년,
1년, 3년이다.
　　호주 이민 및 시민권부와 외교통상부는 이들이 대리모를
통해 태어난 아이들을 따로 식별하는 책임을 질 수 없다면서

"호주인을 포함하여 해외에서 상업적 대리모를 실시한 사례에
대한 연방 정부 규제가 없는 실정"이라고 말했다(p.30). 그뿐
아니라 이 두 부서는 "사법적으로 위험성이 높은 지역을 포함한
해외 지역에서 상업적 대리모를 실시해 입국하는 호주인 약
250가구를 관리할" '의지'도 드러내 보이지 않았다(p.32).

　　　이는 해외 영사관 혹은 대사관에서 유전자 검사를
통해 정자 공여자가 자신이 아버지임을 증명하기만 하면,
'그의' 아이는 호주 시민권을 얻고 여권을 받을 수 있음을
의미한다.(그러나 미국 등 몇몇 나라에서는 아이가 호주
당국으로 갈 때 상업적 대리모인 생모가 있어야 한다.[8])
위원회는 두 부서가 밝힌 바에 대해 "이 상황은 이상과
동떨어져 있다"며 비꼬았다(p.32).

　　　권한 대행이 호주 법 개혁 위원회에서 '이타적' 대리모에
대한 국가법 모델의 초안을 책임지라는 권고 사항에 더하여,
조사 보고서는 호주 정부가 "부처 통합 태스크포스(관련 경험이
있는 저명한 법률가가 포함된)를 통해 12개월 안에 해외 원정
대리모 이용 후 입국하는 호주인들의 현황에 대한 보고를
하도록" 권고한다.

　　　그러나 해당 권고안에서 태스크포스를 통해 조사하도록
하는 사항은 "상업적 대리모가 금지된 해외 권역에서 해외
대리모를 이용하는 것이 불법인지 고려하라"는 것이었다(p.33).

　　　대체 이게 '고려'할 일인지 의문이 드는 질문이다.
우리는 다른 나라의 법을 위반하는 일, 예를 들어
인도네시아에서 최면제를 수입하는 것이 종신형 혹은 사형에
처할 수 있는 끔찍한 결과를 낳는 일임을 잘 알고 있다.[9]

1994년 아동 성 관광에 대한 범죄 개정안이 발효된 이래로
해외에서 아동에게 성폭력을 가한 호주 남성들은 징역형에
처해졌으며(Pearlman 2017) 다에시의 일원으로서 싸우겠다고
시리아로 가는 행위는 그들이 다시 호주로 돌아올 수 없음을
의미한다.

　　　만일 해외 대리모에 징역형 혹은 높은 벌금이 부과된다면
이 행위는 아마도 막을 수 있을 것이다. 또한 '대리모를 통한
가족'과 같이 불임 및 게이 부부들에게 해외 대리모를 홍보하는
대리모 우호 진영의 연례행사는 금지되어야 한다(이들의
2014년 회담에 대해서는 4장 주 4번, 전반에 대해서는 결론
178-181쪽 참조). 대리모 우호 단체들과 체외수정 클리닉, 난자
브로커, 해외 중개인 그리고 (무척 부적절하게도) '빅토리아
보조 생식치료 기구(VARTA)'[10] 등은 사람들에게 어떤 값을
치러서라도 당신 자신의 아이를 가지라며 악랄하게 부추긴다.[11]
이는 '대리모 포주 행위'(줄리 빈델의 2017년 작 『성매매 포주
행위: 성노동 신화를 폐기하기』에서 차용)다.

　　　2016년 대리모 조사 보고서로 돌아가보자. 위원회는
다음과 같은 의견을 남겼다.

　　　윤리적인 근거로 모든 유형의 대리모에 반대하는 의견안
　　　제출자들이 있었다. 그러나 근미래에 전 세계적으로
　　　상업적 대리모가 금지되리라는 전망이 없기 때문에,
　　　위원회는 국제 상업적 대리모가 내포하는 잠재적인
　　　위험과 위해가 최소화될 수 있는 방안에 초점을
　　　맞추어야 한다(p.31).

인지 자체는 좋지만 이런 패배주의적 태도가 보일 때마다
사기가 저하되는 것은 사실이다. 특히나 조사 위원회의 몇몇
구성원이 실제로 대리모가 여성 및 아이에게 끼치는 위험을 잘
이해하고 있다는 점을 생각하면 더욱 더 유감스럽다. 게다가
상업적 대리모를 허용하는 국가가 실제로 무척 적다는 사실을
인식하지 못하는 것도 문제다. 현재 상업적 대리모가 허용된
국가는 조지아, 우크라이나, 러시아, 과테말라, 멕시코 일부 주
및 미국 50개 주 가운데 8개 주(그리고 워싱턴 D.C)뿐이다.[12]
        우리는 18세기와 19세기, 인종에 따른 노예제를
규제하는 대신 폐지해야 한다는 주장을 열렬히 펼쳤던
활동가들에게 감사를 표해야 한다. 당시 노예제의 위해를
최소화하자는 해법을 따랐더라면 인종 기반 노예제는 여전히
여러 국가에서 규범으로 남아 있을 것이다. 초기에 노예제보다
더한 악으로 지목된 노예무역을 규제하면서 노예제를
변형하고자 했던 시도는 "국가 규제 산하 '경제 분야'"로
간주되었다(Raymond 2013, p.iii). 노예제는 영국, 미국과
같은 국가에 지대한 경제적 이익을 안겨주었고, 불쾌한 노동
조건을 정비하면서 '존중할 만한' '일'이 되었다. 이와 유사하게
대리모 규제는 대리모가 그 자체로 착취이고 이것을 정비하여
'그럴싸하게' 만들 수 없다는 점을 인정하지 않고 공정하고
그럴싸한 '노동' 조건을 제공하는 데 초점을 맞춘다(4장 70-
84쪽 대리모를 '일'이라 부를 수 있는가에 대한 논의 참조).
        대리모 폐지론자들은 성 판매를 여성에 대한 폭력으로
칭하며 성 구매자와 포주를 처벌하고 성 판매자를 처벌하지
않는 법안이 스웨덴, 노르웨이, 아이슬란드, 한국, 프랑스,

북아일랜드와 아일랜드 그리고 '노르딕 모델'이라고 불리는
모델을 채택한 나라들에서 성공적으로 시행됨을 참조해도 좋을
것이다(Norma and Tankard Reist 2016, pp.213~225).

　　미국이나 빈곤한 개발도상국에서 시행되는 '자유롭거나
강제된 성노동'과 '잘 규제된 대리모' 각각에서 일어나는 토론의
양상을 비교하는 일은 무척 중요하다. 정밀하게 들여다보면 각
사안의 차이는 그리 크게 드러나지 않는다. '홈메이드' 아기를
(부유한) 아기 구입자에게 넘겨주는 이들은 항상 (가난한)
여성이다. 그리고 법정에서 사건이 다루어지면 대리모와 그
가족이 채 지불되지 않은 의료 비용이나 아이 양육권을 두고
싸울 만한 재정적 비용을 치를 수 있는 경우는 거의 없다.

　　다시 반복하지만, 아기 구입자 그리고 이 비인간적인
여성 및 아기 거래에 숨을 불어넣고 이를 통해 이득을 취하는
'포주'를 범죄화하기를 심각하게 고려해야 할 때다. 소위
대리모와 난자 제공자를 범죄화하지 않는 일도 똑같이 중요하다.

　　모든 의회 보고서가 대리모 규제를 권고하며 끝나지는
않는다는 점에도 주목할 필요가 있다. 2016년 2월, 스웨덴
의회는 『양육으로 가는 다양한 길』이라는 보고서를 통해서
이타적 대리모가 현재 스웨덴에서 금지된 상업적 대리모와 같이
다루어져야 함을 권고했다(스웨덴 정부, 2016, 영어 요약본
참조).[13]

　　해당 보고서를 작성한 에바 벤델 로스베리 판사는 두
가지 주요 핵심을 논했다. 우선은 대리모를 통해서 태어난
이들이 자신의 연원에 대해서 어떻게 느끼는지가 연구된
바 없다. 두 번째로, 로스베리와 동료들은 대리모가 실제로

강요되지 않은 결정을 했다고 말할 수 없다고 본다. 로스베리는
이 핵심이 상업적 대리모와 '이타적' 대리모 둘 다에 해당한다고
강조했다. "친척을 통해서 아기를 갖고자 하는 이들도
가족의 기대에 따른 압력을 받을 수 있다(『더이코노미스트』,
2017.5.13)." 또한 해당 보고서는 스웨덴인들이 대리모를 통해
낳은 아이를 스웨덴으로 데리고 들어오지 못하게 하는 법적
문제를 공표하면 해외 원정 대리모가 감소할 것이라 제안했다.
호주는 스웨덴 보고서를 본받아야 한다.

　　2016년 대리모 조사 위원회 일원으로서 제출한
의견서(p.6)에서 핀레이지는 다음과 같은 낙관적인 전망으로
끝을 맺었다. "핀레이지는 대리모 없는 세상이 가능하다고
믿는다."[14]

　　그리고 실제로 우리는 믿고 있다. 동시에 그러한 세상을
향한 여정이 무척이나 험난하며 장애물로 뒤덮여 있음을
알고 있다. 일례로 2011년 시작된 헤이그 국제사법회의
상설사무국이 진행 중인 업무 가운데 하나는 국제입양에
관한 현존 협약과 유사한 초국경 국제 대리모협약의 초안을
마련하는 것이다. 그러나 이러한 국제협약을 비준하는 데에는
77개 회원국 모두의 승인이 필요하다. 현재 대리모가 합법인
나라가 거의 없는 유럽연합 역시 여기에 포함된다. 이러한
대리모 협약이 진행되려면 몇 년이나 걸릴 것으로 보인다. 각
국가들이 대리모에 대해 가지는 매우 다른 법안과 관점을 고려할
때 쉽게 결론이 날 수는 없을 듯하다(대리모 폐지를 위한 더 나은
국제협약은 5장 117-120쪽 참조).

　　이 같은 난관에 봉착하자 헤이그 회담은 2015년부터

'혈통/대리모 프로젝트'로 초점을 옮겼다. 이 편이 달성하기에
보다 현실성이 있다고 생각했던 것이다. 결국 대리모를
국제적으로 '규제'하려는 이들의 프로젝트는 파기되지 않았고
계속해서 정당화 시도가 이어지고 있다.

　　　'법적 혈통 혹은 친자 관계'가 계속해서 강조되고 있다는
점은 흥미롭다. 규제의 틀을 고수하는 사람 중 누군가는 소위
대리모나 난자 제공자의 건강 같은 대리모의 다른 측면들이나
대리모를 통해 태어난 아이들의 인권과 '혈통'이 동일하게
중요하다고 생각할 수 있다. 하지만 아니다. 혈통은 이 문제에서
우선권을 가진 아기 구입자, 그중에서도 정자 공여자의
관심사일 뿐이다. 놀랄 일도 아니다.

　　　대리모를 포함해 재생산 기술에 대해 오랫동안 비판해온
미국 여성학자이자 의료윤리학자이며 핀레이지의 공동
창립자인 재니스 레이먼드는 1993년에 이미 혈통에 초점이
주목될 것을 예견했다. 그는 호주인 박사 캐시 먼로와의
인터뷰에서 다음과 같이 말했다.

> 임신과 그를 통해 얻어지는 결과 측면에서 여성이
> 남성과 다르다고 한다면, 남성은 그 결과에도 접근하려
> 한다. 그리하여 기본적으로 여성성에 적합한 기준에서
> 모성을 정의하는 대신 남성의 양육자성에 치중해서
> 양육자성을 정의하게 된다. 이때 중요시되는 것은
> 유전자로, 임신은 고려되지 않는다. 임신이 고려되지
> 않는 이유는 남성이 할 수 없기 때문이다. 그렇다면
> '양육자됨'의 기준은 무엇인가? 남성이 무엇을 할 수

있는가다. 그들이 무엇을 할 수 있는가? 유전자에
기여한다(Munro 1997, p.64).

실제로 남성 유전자는 '임신'과 '혈통'이라는 가부장제적
개념에서 핵심을 차지한다.

2015년, 권한 대행은 존 패스코 연방 치안판사를 혈통
전문가 집단의 대표자로서 위촉했다. 패스코는 존경받는
판사로 대리모가 여성과 아동에 미치는 위해를 이해하는
인물이었다. 전문가 집단의 첫 번째 회의는 2016년 2월
15일부터 18일까지 이루어졌다. 그리고 회의 보고서의
결론부는 놀랍지 않게도 다음과 같다.

본 집단은 이 문제의 복잡성과 각 주들의 접근이 다양할
수 있음을 고려하여, 이 분야에서 가능한 결과물의 실행
가능성과 유형 혹은 범주에 대해 본 회의에서 확정적인
결론이 내려질 수 없다고 보았다.

그럼에도 불구하고, 전문가 집단은 포기하지 않고 이들의 임기
지속을 권하며 "다음 회의를 준비하기 위해 필요한 관점을
가지고 작업을 수행하며 적절한 자원을 할당하"도록 상설
사무국에 업무를 맡겼다(헤이그 국제사법회의, 『2016년 2월
혈통/대리모에 대한 전문가 집단 보고서』, p.x).

미국인 저자이자 활동가이며 '지금 당장 대리모를
중단하라'의 원년 회원인 캐시 슬론은 가부장적 자본주의의
남성 중심주의가 미국 대리모 산업에서 작동하는 방식을

지치지 않고 폭로하며 헤이그 전문가 회의에 중요한 통찰을
제공해주었다. 2016년 2월 회의 직전, 전문가 회의의 미국 사절
대표인 리사 보걸은 미국 대리모 대표회의를 소집했다. 여기에는
그가 잘 알고 있는 저명한 대리모 변호사와 대리모 중개소
대표들이 포함되어 있었다. 이들은 "모든 형태의 대리모에
대해 미국의 '예외주의' 모델을 기초로 한 국제적 대리모
합법화 합의를 타국에서 어떻게 이끌어낼지"에 대해 의견을
나눴다(Sloan 2017.4.24).[15]

　　이 회의에 전화상으로 참석한 슬론은 다음과 같이
말했다. "본 산업과 미국 정부의 우선 과제는 강제성 있는
계약을 보증하는 최선의 방법을 확정하고 아동들이 구입자의
고국 시민권을 갖도록 하는 것이다." 그리고 이렇게 덧붙였다.
"요약하면, [회의는] 미국 정부가 제 이익을 위해 참석해 산업
협약을 맺는 자리와 같았다."

　　2017년 1월 31일부터 2월 3일까지 이어진 혈통/대리모에
대한 헤이그 전문가 회의는 2016년 회의에서 한 발짝 더
나아갔다. "본 집단의 다수는 법 시행을 통해 법적 혈통에 대한
다국적기구의 해외 사법 결정 인정이 시행 가능해질 것이라는
견해를 표명했다(헤이그 국제사법회의 『2017년 2월 혈통/
대리모에 대한 전문가 집담회 보고서』 p.2, 강조는 저자)."

　　더 나아가 다음과 같은 내용도 포함되었다.

　　법적 혈통은 특히나 국제 대리모 계약의 맥락에서
　　복잡하고 다변한 주제로서, 본 집단은 국제사법적
　　측면에 집중하고자 했으며 실질적인 해결책의 필요에

따라 <u>모부-아동의 법적 지위의 연속성 보장을 핵심 목적</u> <u>중 하나로 한다</u>(p.3, 강조는 저자).

달리 말하면, 국제적 대리모의 모든 문제적 측면 가운데 발전을 보이는 것이 바로 아버지의 권리였다. 가히 아리스토텔레스 2.0버전이라 할 만하다(2장 41쪽, 6장 157쪽 참조). 변하는 것이 많은 만큼 불변하는 것도 많다!

　　헤이그 국제사법회의의 회원국들이 여러 장애물에도 불구하고 더 나아가 초국경 대리모에 대한 보다 방대한 국제협약을 만들기로 결정한다면, 이는 여성과 아동 인권 활동가들에게 심각한 문제를 초래할 것이다. 대규모 규제가 이루어지면서 현재 대리모를 금지하는 (압도적으로 다수인) 국가들에 국가법을 바꾸라는 압력이 가해지게 되기 때문이다.[16]

　　2014년 이미 에라스무스대학 국제사회연구소가 '대륙 간 입양 및 전 지구적 대리모 현황에 대한 국제 포럼'(2014.8.11~13)을 개최했다는 소식을 들었을 때, 나는 이것이 좋은 소식이라고 생각했고 다른 이들은 대리모에 대해 이렇게 대대적인 협약이 국제적 승인을 받은 것처럼 확정될 경우에 대해 우려했다.

　　다섯 번째 주제였던 '전 지구적 대리모 시행 현황' 보고서에 따르면 이 포럼에는 "27개국에서 100명가량의 학자와 인권 전문가, 정책 입안자가 모였다"(Darnovsky and Beeson 2014).

　　그러나 불행히도, '전 지구적 대리모 시행 현황' 보고서 초안을 보면 대부분의 참가자가 규제적인 접근을 고려한

듯하다. 그리고 "아동의 법적 지위 및 시민권 문제 해결", 즉
다른 말로 하면 혈통 문제가 여전히 강조되었다. 나아가, 이
초안은 '일로서의 대리모'를 채택하고 있다. 여성이 자신의
몸으로 새 생명을 하루도 쉬지 않고 품는 행위가 '일'로 치부될
수 있느냐에 대한 적절한 논의는 이루어지지 않았다(일로서의
대리모 관련 논의는 4장 70-84쪽 참조). 다노스키와 비슨은
다음과 같이 적었다.

> 참가자들은 국제적 대리모 계약으로 인해 태어난 아동의
> 법적 지위 및 시민권을 해결하는 문제를 중요하게
> 여겼다. 이에 더하여, 관련된 당사자 모두에게 영향을
> 미치는 효과에 대해서 정책과 공공기관이 더 주목할
> 필요가 있다고 강조했다. 그중에서도 대리모 노동을 하는
> 여성과 이들이 잉태하고 낳은 아동에 초점을 두어야
> 한다(2014, p.x, 강조는 저자).

이 포럼에 초대된 대표자들이란 정확히 누구인가? 살펴보니,
5번 주제 '세계의 대리모 조처'의 리포트 마지막에 참가자로서
이름을 올린 이는 24명뿐이었다. 100명 가까이 되는 참여자의
주된 관심은 대리모가 아닌 초국경적 입양이었는데, 이들은
대체로 익명으로 남았다. 이름을 올린 24명 가운데 절반 이상은
잘 알려진 자유주의 페미니스트였다. 이들은 규제를 옹호하고
대리모 폐지에 반대했다. 이들 가운데는 미국의 페미니스트
마시 다노스키와 다이앤 비슨이 있었다. 이는 '세계의 대리모
조처'에서 규제에 압도적인 비중이 실린 현상을 설명해준다.

그럼에도 불구하고, 초국경 입양 분야와 함께한 합동 세션에서 대리모를 인권 침해이자 여성에 대한 폭력으로 보면서 이를 금지해야 한다고 주장한 이들이 있었다. '규제 대 금지: 상호 배타적인 대안?' 섹션에서, 다노스키와 비슨은 다음과 같이 썼다.

> 초국경 상업적 대리모가 효과적으로 규제되어야 하는지 전면 금지되어야 하는지를 두고 참가자들의 의견이 나뉘었다. 누군가는 강한 입장을 취하고 누군가는 유보적이었다. 많은 이는 국제협약이 초국경 대리모와 관련된 문제적인 조처와 결과에 긍정적 영향을 미칠 가능성에 열린 태도를 취했다.
>
> 하지만 몇몇 참가자들은 국제협약이 현재 많은 사법 관할구역이 아동과 생모의 인간 존엄을 해친다는 것을 근거로 상업적 대리모에 대해 금지 조치를 고수하는 현 상태를 폄하하는 결과를 낳지 않을지 우려하기도 했다. 이 관점에서는 국제협약이 상업적 대리모를 정상화하거나, 해당 행위가 수반하는 인권 침해를 현저히 줄이는 데 실패할 수 있다는 우려가 있었다. 또한 초국경 대리모가 최소한 어떠한 환경에서는 아기 판매가 되어버리거나 아이의 정체성, 국적, 가족관계를 지키는 데 실패하여 아동 인권 협약을 위반하는 것이 아닌지에 대한 질문도 떠올랐다(p.36).

맞는 말이다! 그러나 더 급진적인 의견은 충분히 다루어지지 않았다. 이에 관해 다노스키와 비슨은 다음과 같이 말했다.

> 국제협약의 효용성과 잠재적 실행 가능성에 대해
> 어떤 평가를 내렸든 간에, 다른 참가자들은 실용주의,
> 원칙 혹은 양쪽 모두에 근거하여 상업적 대리모의 전면
> 금지보다는 규제를 지지했다. 어떤 이들은 규제가
> 상업적 대리모 계약에 포함된 여성과 아동의 보호라는
> 시급한 요구에 부응하는 가장 효과적인 방법이라고
> 주장했다. 다른 이들은 현재 대리모를 시행 중인 사법
> 관할구역 가운데 많은 곳에서 상업적 대리모 금지는
> 정치적으로 매우 어려울 수 있으며 상업적 대리모는
> 금지하되 이타적 대리모만 허용하는 제도는 감독하기가
> 어려울 것이라고 지적했다(p.37).

마지막 지적이 특히 당황스럽다. 소위 이타적 대리모를 허용하는
나라에서 돈을 받는 대리모를 "감독하기가 어려울" 일은 또
무엇이란 말인가? 상업적 대리모가 한 국가에서 법적으로
금지된다고 했을 때, 이 법을 위반하는 것은 범죄에 해당한다.
제재는 어렵지 않다. 다노스키와 비슨의 말은 사람들이 집 같은
사적인 장소에서 흡연을 할 수 있기 때문에 공공장소에서의
흡연이 규제될 수 없다고 말하는 것과 똑같다. 실제로 호주는
공공장소에서 흡연을 금지하고 있다.

다노스키와 비슨은 다음과 같이 이어간다.

> 어떤 이들은 여성의 행위자성에 대한 원칙에 의거하여

상업적 대리모를 효과적으로 규제하는 방안을 지지한다.
그리고 대리모로 일하는 많은 여성이 많은 돈을 얻을 수
있는 이 기회를 감사하게 여긴다고 주장한다. 이들은
더 나은 노동 조건과 건강에 미치는 위협에 대한
보호 조치, 해당 계약과 관련된 낙인의 감소를 원할
뿐이다(pp.37-38, 강조는 저자).

나는 이미 대리모를 '일'이라고 부르는 것의 심오한 문제점에
대해 이야기했다(4장 70쪽). 그런데 두 미국 자유주의
페미니스트 저자가 대리모를 '일' 개념에 스리슬쩍 밀어 넣고는
보고서 전반에 이 개념을 사용하는 광경을 보라. 이들은 장밋빛
안경을 썼든지, 다 알면서도 일부러 폐지론자와 규제론자 간에
존재하는 실제적인 차이를 흐릿하게 만들려는 듯하다. 그들은
말한다.

상업적 대리모에 대해 '금지'와 '규제'라는 대립되면서도
서로 겹치지 않는 입장이 나타나는 경향에도 불구하고,
초국경 대리모의 문제적인 면을 최소화하거나 근절할
법적 혹은 정책적 접근에 대한 다각적인 고려를 해봄
직하다. 여기에는 대리모 계약에 관여하는 다른 이들을
제외하고 오로지 중개자에게만 민·형사적 제재를
가한다거나 대리모로 태어난 아이의 법적 혈통과 관련
기록 보존에 대한 다양한 규칙, 대리모 계약의 내용, 시기,
시행 가능성에 대한 요구 조건, 중개자의 지위나 행동과
관련한 요구 조건, 의뢰 모부나 대리모의 가족관계,

성적 지향, 장애를 이유로 한 차별 금지 규칙, 대리모의
건강과 안전에 대한 보호 조치, 의뢰 모부의 신원 검사
요구 등이 포함될 수 있다. 또한 아이에게 법적 혈통과
시민권을 허용하는 나라들 간에서만 초국적 계약이
가능하도록 제한하거나, 상업적 계약을 허용하는 국가
내로 한정하는 법을 만들 수도 있다(p.37).

이 마지막 인용이 보여주는 것은 <u>규제를 통한 위해 최소화
조치</u>의 목록이다. 이는 금지가 아니다. 금지는 어떤 대리모도
허용될 수 없다는 입장을 뜻한다. '안 된다면 안 된다'는 말이
그렇게 이해하기 어려운가?

　　내가 이 보고서를 많이 인용한 까닭은 본 보고서가
규제의 함정을 잘 보여주기 때문이다. 문제의 핵심은 애초에
대리모가 존재해야 하는지, '예정 모부' 즉 아기 구입자는
대리모와 난자 '공여자'에게 생명의 위험을 감수하여 아이를
만들어내도록 하고 이로써 생모로부터 떼놓아달라고 요구한
적 없는 아이들이 태어나는 이 행위가 윤리적·도덕적이냐다.
이것은 제대로 논의되지 않는다. 그 대신, 논의는 2차적인 규제
방안에서 시작한다. 이는 위해 최소화 맥락에서는 중요할 수
있지만 대리모가 제기하는 존재론적 문제로부터는 한참이나
떨어져 있다. 바로, 어떤 부유한 개인들이 어째서 다른 가난한
이들—그리고 오로지 여성들—에게 사랑이나 돈을 이유로
아이를 기르고 낳도록 요구할 <u>권리</u>가 있다고 믿느냐는 것이다.
　　여기까지의 이야기가 규제와 위해 최소화 정책을
거부할 이유로 충분치 않다고 생각한다면, 또 다른 사실도

제시할 수 있다. 이 규제 조치는 제어되지 않는 법이라는 괴수 그리고 누군가의 자유와 '선택'이라는, 신자유주의적 환상 속 포스트모던한 천국을 만들어낸다.

이 규제들은 표면만을 건드릴 뿐이기에 이내 규제의 허점들이 발견되고 착취될 것이다. 그러니 이렇게 말할 수 있겠다. 규제가 허용하는 대리모 암시장에 오신 것을 환영합니다!

과연 규제가 답인지를 논한 이 장을 요약할 차례다. 사실 왜 사람들이 금지 대신 규제와 위해 최소화를 선호하는지에 대해서는 더 평이한 이유가 있다. 바로 껄끄러움과 겁 때문이다. 특히나 아기들이 관여된 문제에서 누군가에게 '안 된다'고 말하기를 겁내는 것이다. 나는 2014년 대리모 우호 회담의 티타임에서 대리모로 인해 여성과 아동에게 발생하는 위험에 대해 어떤 여성과 이야기를 나눴다. 그는 내게 동의했지만 착석 종이 울릴 때쯤 곧 이렇게 말했다. "하지만 가엾은 게이 남성들이 아이를 그토록 원하는데 안 된다고 할 수는 없잖아요." 다른 이들의 감정을 해치는 데 대한 긴장감과 겁, 특히 이 경우 우리 사회에 너무나 만연한 동성애 혐오로 보일 수 있다는 이 두려움은 특히 여성들 사이에서 팽배하다. 겁은 많은 사회 정의 쟁점들과 결부된 근본적인 문제를 제대로 바라보지 못하게 만든다. 용감하게 '안 된다'고 말하지 못하게 만든다.

2015년 3월 23일, 대리모 비판론자들에게는 다행스러운 일이 일어났다. 대체로 유럽 페미니스트 대리모 폐지론자로 이루어진 집단('지금 당장 대리모를 중단하라'를 주재하는 미국 생명윤리와 문화 센터도 포함)이 용기와 분노를 동력 삼아 이 문제에 대해 헤이그 국제사법회의에 도전장을 내민 것이다.
이들은 헤이그 사전 문건 2014년 3월 3번 B와 2015년 3월
3번 A를 언급했다. 헤이그 국제사법회의가 2011년부터 국제
대리모 우호 협약을 맺고자 했고 오직 대리모 우호론자들만을
참조했음을 규탄한 것이다.

> 상설 사무국은 오직 대리모에 적극적으로 관여하는
> 전문가의 의견만을 포함했는데, 그 가운데에는 해당
> 사안의 이해 당사자나 선동가들도 있었다. 전문가
> 의견은 잠재적으로 대리모를 통한 친자의 상호 인정을
> 용이하게 하고자 하는 방향으로 향해 있었고, 이는 해당
> 영역에서 그들의 활동을 뒷받침하는 격이었다. 대리모는
> 수많은 나라에서 엄격히 금지되고 있음에도, 이에 대한
> 금지 조치는 잠재적으로도 문제시된 적이 없었다(p.6).

이들은 "1926 노예제 협약과 1956 노예제 폐지, 노예무역,
노예제에 준하는 조치와 제도에 대한 추가 협약"을 모델로
삼아 '대리모 폐지를 위한 국제협약'을 요구하는 훌륭한 개괄을
만들어냈다(p.23).
　　　해당 문건은 프랑스 인간존중 연합(CoRP), 임신중단
및 피임권을 위한 협회 연합(Cadac), 프랑스 레즈비언
연합(CLF), 레즈비언 페미니스트 연합(La Lune), 유럽 여성
로비, 미국 생명윤리와 문화 센터, 스웨덴 여성 로비 및 여타
단체 및 개인(스웨덴의 예르트루드 오르스트룀과 카이사
에키스 에크만, 오스트리아의 엘프리데 하메를, 독일의

알리체 슈바르처) 등은 어떤 규제 조치 대신 대리모 폐지에
대한 국제협약이 필요한 근거를 마련했다(Corp et al. 2015).
해당 근거 가운데 많은 내용이 내가 이 책에서 논한 것과 무척
유사하다.[17]

     페미니스트 저자들은 대리모가 다음에 언급된 현존하는
국제 인권협약을 위반하는 착취 행위임을 강조한다(2015,
pp.17-22).

- 초국경 입양에 대한 협약
- 미 노예제 협약
- 아동 권리에 대한 국제협약
- 아동 판매, 성매매, 포르노그래피에 대한 아동 협약의
  선택적 프로토콜
- 국제연합의 아동과 여성 인신매매 예방, 억제, 처벌
  프로토콜
- 초국적 범죄에 대한 협약
- 지역적 문건들(예컨대 "인간의 신체와 각 부위를
  금전적 목적을 얻기 위해 주어서는 안 된다"고
  명기한 오비에도 협약)[18]

이들의 주장은 다음과 같이 간결하게 요약된다. "대리모
조치를 규제하거나 조직하고자 하는 모든 기구가 현재의
국제적 맥락과 불일치한다(p.13). 초국경 입양에 대한 협약도
마찬가지다(p.17)."

헤이그 회담은 국제입양의 맥락에서 아이 거래와
타인의 재생산 능력 착취에 맞서는 동시에 (안전장치가
마련된다고 하더라도) 대리모 맥락에서 같은 조처를 만들
수는 없다.

아동의 권리에 대한 국제협약에서 이들은 다음과 같이
말한다(pp.17-18).

대리모는 아동 권리에 대한 협약 제7조 1항을 위배한다.
아동 권리에 대한 국제협약 제35조는 "조인국은 모든
목적 혹은 모든 형태의 아동 인신매매를 줄이는 데
적절한 것으로 사료되는 국가적, 양자적, 다각적 조치를
취해야 한다"고 명기한다. 대리모는 아동의 권리에 대한
국제협약 제35조에 등장하는 아동 판매를 나타낸다.

이들은 협약에 관한 국제연합 프레임 안에 위치하는 대리모 폐지
국제협약을 위한 제안을 다음과 같이 마무리 짓는다(p.23).

대리모를 금지하고 이 행위에 대한 투쟁이 완전히
효과를 내기 위해서는, 대리모를 범죄화하는 법적
처벌을 마련하거나 최소한 대리모를 둘러싼 중개 활동을
처벌해야 한다.
다음 조항들은 폐지 협약의 일부를 구성하거나 추가적인
프로토콜에 포함될 수 있을 것이다. 두 번째 사항은
대리모 행위 감소에 전력하는 원칙과 방법들을 막는 데

집중된 더 넓은 지원을 만들어내는 협약들의 폐지를
가능케 할 수 있다. 이를 통해서 협약국들은 사법적
공조를 구축해 대리모에 더 효과적으로 맞설 수 있을
것이다.

이미 존재하는 아래의 인신매매 관련 사법 공조 관련
문서에서 이 프로토콜을 위한 통찰을 얻을 수 있다.

- 인신매매와 성매매 착취 억제에 대한 협약
- 초국적 조직 범죄에 대항하는 국제연합 협약을
  보완하는 (특히 여성과 아동에 대한) 인신매매 예방,
  억제 및 처벌에 대한 프로토콜
- 아동 매매, 아동 성매매, 아동 포르노그래피에 관한
  아동 인권 협약의 선택적 프로토콜

대리모 폐지를 위한 국제협약이라는 아이디어는 정말이지
신나는 발전이 아닐 수 없다. 나는 전 세계 페미니스트 개인과
집단이 대리모라는 폭력으로부터 여성과 아이의 인권과 존엄을
지키고자 함께 움직이리라는 데 엄청난 희망을 갖는다.[19]

다음 장에서는 과거와 현재를 아울러 대리모에 대항해
이루어졌던 저항의 움직임을 개괄적으로 다룰 것이다.

"'번식자 여성'이라는
계급이 있는 세상에
태어나는 일이
여자아이들에게 얼마큼
해로운가? 재생산을
산업화하는 사회를
원하는가? 무엇을 팔고
살지에 제한이란 것이
과연 존재는 하는가?"

왜 대리모에 저항하는가?

이는 여성과 아동에 대한 인권
침해이기 때문이다. 대리모는
빈곤, 인종, 계급, 성, 장애가
얽힌 사회 정의의 문제다.

6장

오늘날 국제 캠페인인 '지금 당장 대리모를 중단하라'에
참여하는 페미니스트, 인권 운동가를 비롯한 집단들이 대리모에
대해 보이는 급진적인 저항(164-171쪽)은 두말할 것 없이
새로운 현상이다. 저항은 1980년대 초에 시작되었다. 1970년대
말엽 미국 미시간의 노엘 킨과 같은 기업가가 연 중개소가
주목을 받으면서부터였다. 킨은 자신을 '여자 번식자'(지나
코리아의 용어)라는 움직임의 선구자이자 챔피언이라 여겼다.
1980년대 중반까지 미국 전역에는 대리모 중개소가 약 20개
생겨났다.

　　　　오늘날 논의되는 것과 같은 질문이 지금으로부터 30년
전에는 오히려 더 널리 퍼졌었다는 점은 흥미롭다. 대리모는
오로지 이성애자 부부에게만 허용되어야 하는가? 혹은 독신
남성 혹은 게이 남성들도 대리모를 고용할 수 있도록 허용해야
하는가? 대리모는 오로지 '이타적' 대리모의 경우만 허용되어야
하는가, 아니면 비용을 지급받아야 하는가? 그리고 어떤 여성이
대리모가 되는가? 이들은 생존하기 위해 돈을 필요로 하는
빈곤한 여성인가, 혹은 불임 부부의 고통을 어루만지고 그들의
빈 품에 아기를 안겨줄 수 있는 마음 따뜻한 '특별한' 여성인가?
대리모는 자선 서비스인가, 착취인가? 킨은 '교육용 영상'을
만들어 고등학교에 배포했다. 제목은 "특별한 숙녀들"로,
"이타주의를 양념처럼 활용해 젊은 여성들이 대리모가 되도록
알선하는 내용이었다. 대리모를 여성이 할 수 있는 숭고한
행위로 포장해 대리모를 조달하려는 점잖은 전략"이었다
하겠다(Raymond 1993/1995, p.44). 또한 성 감별의 가능성은
어떤가? 대리모에게 요구되는 산전 검사 이후 상품인 아이가

'완벽하지 않은' 것으로 판명되었을 때 임신중단을 해야 한다는
요구 조건은?

　　　이는 빈곤, 인종, 계급, 성, 장애가 얽힌 사회 정의의
문제다.

　　　페미니즘적인 비판은 무척 빠르게 이루어졌다. 처음에는
영민한 작가 안드레아 드워킨이 1983년 이미 착취적인 대리모
'농업'을 예견한 바 있었다. 이 농업은 특히나 인도, 태국,
캄보디아, 네팔, 우크라이나, 멕시코와 같이 빈곤한 국가에서
이루어질 것이었다.

　　　드워킨은 대리모를 "재생산 성매매"라고 불렀다. 대리모를
소위 '매음굴'에서 이루어지는 성매매에 빗댄 것이었다. 그는
성매매 모형을 대리모 농업 모델과 비교했다.

> 농업 모델은 모성과 관련된다. 여성은 남성의 씨가
> 심어지고 곧 추수될 것을 길러내는 존재다. 여성은
> 나무와 같이, 자신이 품은 과실을 기르는 데 이용된다.
> 여성은 우량한 소부터 초라한 개, 품종 좋은 말부터 짐
> 나르는 짐승까지 전부에 해당한다(1983, p.174).

페미니스트 관점에서 재생산 기술을 다룬 1980년대 저서에는
비슷한 고민이 담겨 있었다. 이에 대한 첫 국제적 문집은
『시험관 여성: 모성의 미래는 무엇인가』(Arditti, Duelli Klein
and Minden 1984/1989)였다.[1] 이 책에는 33명의 작가가 시험관
아기라는 신세계가 여성에게 미칠 영향을 질문한 내용이
담겼다.(체외수정으로 태어난 첫 번째 사람으로 알려진 루이즈

브라운이 1978년 생이다.) 책은 동전의 양면을 다루었다.
그 다른 면이란 서구의 빈곤층 여성들과 소위 제3세계
여성들에게 인구 통제라는 이름으로 강제되던 위험한 피임과
불임수술이었다.[2]

　　『시험관 여성』의 참여자로 미국의 저널리스트였던
수전 인스는 「대리모 산업의 내부」라는 제목으로 소위 '명망
있는' 대리모 중개소의 신문 광고를 보고 직접 연락을 취했던
경로를 담았다. 인스는 채용 절차를 통과한다. 대리모로 합격한
것이다. 그때 그는 회사가 대리모의 일상을 강력하게 통제할
뿐 아니라 의료적·심리적인 안전장치가 턱없이 부족하다는
데 충격을 받는다. 그의 글에는 대리모가 세상에 재현되는
방식도 담겨 있다. "비록 대리모에 대한 번지르르한 설명이
대리모를 마음이 따뜻하고 행복한 성 판매자처럼 만들지만",
그는 개인적인 경험에 기대어 이렇게 경고한다. "우리는
새로운 재생산 성매매에 자유주의적으로 공모해선 안 된다.
페미니스트로서의 비전을 가지고 대리모 산업의 형성 과정을
밝혀내야 한다(p.115)."

　　『시험관 여성』에 뒤이어 지나 코리아의 걸작, 『엄마
기계: 인공수정부터 인공포궁에 이르는 재생산 기술』(1985)이
나왔다. 코리아는 여성들에게 재생산 기술이 보여주는 '전경'
뒷면을 보라는 선명한 메시지를 던졌다. 불임 여성들의 고통을
경감해주는 무해한 '치료제'의 '배경', 즉 근미래에 의료 기술이
'일반' 가임 여성의 신체에 통제를 행사하여 이를 가부장제적
통제로 이끌고, 누가 아이를 낳을 수 있는지와 그 '품질' 전반을
관장하게 되리라는 점을 보도록 했다(결론 183-184쪽 참조).

그리고 산전 검사를 통해 점점 더 많은 소위 유전적
질병과 '장애'를 찾아내는 기술의 빠른 발전은 불임 문제를
가지고 체외수정 클리닉을 찾는 고객층의 점진적인 확장을
이끌었다(체외수정과 착상 전 유전 진단을 활용해 배아가
질병으로부터 자유로운지 찾아내는 기술 등).

코리아는 책의 한 챕터를 "대리모됨: 행복한 번식자
여성"에 할애했다. 1980년대는 '전통적인' 종류의 대리모가 있던
시기였다. 이는 고용된 여성이 의뢰 부친, 즉 아기 구입자의
정자를 받아 임신하는 것을 말한다. 이 조치는 1980년대 중반
배아 이식 기술이 정교해지고 체외수정 의사들이 '임신출산
캐리어' 신화, 즉 배아를 포궁에 이식하면 이식된 배아는 생모의
유전자를 포함하지 않으므로 임신 여성이 자신의 몸속에서
자라나는 아이와 어떤 애착도 갖지 않는다는 이야기를
퍼뜨리면서 바뀌게 되었다(153쪽 참조). 이 신화는 오늘날까지
살아 있으며 대리모 산업의 주된 흐름을 만들어낸다. 전 세계의
소위 대리모들은 자신이 뱃속에서 자라나는 아이와 어떤 연관도
없다고 믿으며 임신을 지속한다.

급진 페미니스트들은 이 기술에 의문을 제기하며
선의로 무장한 (남성) 과학자와 의사들이 전 세계 여성에게
하사하는 '선물'이 과연 무엇인가를 조명한다. 이 질문은
1984년 네덜란드 흐로닝언에서 이루어졌던 제2차 세계 간학제
여성회의에서 계속 이어진다.[3] "여성의 죽음?"이라 이름 붙여진
이 회의에서 여성을 위한 재생산 기술의 미래에 대한 발표
마지막에 다다르자 500여 명의 참석자는 여성 '해방'은커녕
여성 존재에 대한 심각한 위협처럼 보이는 이 흐름에 대응할

필요를 느끼고 국제적 네트워크의 창설을 긴급히 요구했다.
이것이 핀렛(새로운 재생산 기술에 대한 페미니스트 국제
네트워크†)의 창설 배경이다.

　　이후 1985년 4월 무척이나 중요한 회담이 열렸다.
생존권을 요구하는 '불구' 여성 네트워크와 교회, 연합 등의
지지를 받는 독일 페미니스트들이 본에서 "유전자 및 재생산
기술에 반대하는 여성들"이라는 회의를 열었다. 2000명 넘는
참가자가 여성의 재생산과 삶에 기술이 미치는 통제력을 향해
거부를 선언하는 자리였다. 기술은 통제 불가능한 것으로
인식되고 있었고 그것을 멈춰야 한다. 언론은 해당 회담을
지지했고 일반 대중 역시 그랬다.

　　몇 달 뒤, 핀렛은 스웨덴 볼링에서 긴급 회담을
열었다. 독일에서의 회담 이후 해당 조직은 핀레이지(재생산
및 유전공학에 반대하는 페미니스트 국제 네트워크)로 이름을
바꾸었다. 우리의 철학적 입장뿐 아니라 비판점에 유전공학도
포함하기 위해서였다. 국제 여성 중심 네트워크인 핀레이지의
궁극적 목표는 이 같은 비인간적 기술을 멈추는 것이며,
규제하는 것이 아니었다. 기술이 여성 억압의 일부이며 여성과
비인간 동식물에 대한 폭력을 구성한다고 보았기 때문이다.

　　이후 핀레이지 연맹은 20여 개 국가로 늘어나며 급속히
성장했다. 구성원은 서로 강력히 연결되었고 스페인, 호주,
오스트리아, 방글라데시, 브라질과 같은
국가에서도 회담이 열렸다. 두 번째로　　　　† FINNRET, Feminist
열렸던 대규모 회담은 1988년 독일에서　　　International Network on
개최되었다. 이는 독일어권 국가의　　　　　the New Reproductive
　　　　　　　　　　　　　　　　　　　　Technologies

대중으로부터 강력한 지지를 받았다. 그들은 이 '사회 통제를 위한 무기'가 악용될 잠재력이 어마어마하며 그 힘이 유익하게 쓰였을 때의 파급력을 간단히 넘어선다는 사실을 명확히 보았다(Bradish, Feyerabend and Winkler 1989).[4]

　　재생산 기술에 대한 가장 강력한 거부가 독일에서 일어났다는 사실은 놀랍지 않다. 함부르크 의료사회연구소장인 하이드룬 카우펜하스는 이미 나치 독일이 '무가치한' 여성들을 불임으로 만들고 아리아인을 번식시킬 수 있는 불임 여성을 '치료'하려 한 실험 관련 문서를 철저히 확보하고 있었다. 카우펜하스는 다음과 같이 말했다. "'무가치한' 삶의 형태의 종식과 바람직한 삶의 증진 모두가 이 기술에서 떼어놓을 수 없는 양면임을 강조하는 일은 중요하다(1988, p.127)."

　　재생산 능력을 지닌 여성의 현재와 미래를 착취하고 상업화하고 산업화하는 재생산 및 유전 공학 산업은 무척이나 시급한 페미니스트 의제가 되어 (초)국가적 페미니스트 회담에서 성폭력 관련 논의에 버금가는 중요도를 지니게 되었다. 대리모는 자주 등장하는 주제였으나, 1990년대 초 인도와 같은 개발도상국가의 빈곤한 여성 착취가 가속화되기 시작하는 와중에도 영국이나 호주에서의 몇몇 예외를 빼면 해당 주제는 미국 내에서 확장되는 대리모 산업에 한해서만 다루어지는 데 그쳤다. 사실상 1988년 제2회 독일 회의는 노엘 킨이 독일 프랑크푸르트에 '국제 가족연합'이라는 대리모 중개소를 세우려 한 데에 성공적으로 저항했음을 기념하면서 이루어졌다. 킨은 미국 여성들을 프랑스, 이탈리아, 이스라엘, 그리스, 호주 등지로부터 온 정자 기증자와 연결시켰다. 1988년

1월, 독일 법정은 해당 중개소의 즉각적인 폐소를 명령했다.
프랑스는 1987년 이미 세 개의 대리모 중개소를 폐소시켰다.
그리고 1987년 미국에서 처음으로 24세의 대리모 데니즈
마운스가 사망하는 사건이 일어났다. 그는 브로커를 통해
임신을 진행했고 임신 8개월 차에 숨졌다(Corea and de Wit
1988, pp.190-191).

서구에서 일어났던 이 초기 사건들을 다시 살펴보면,
대리모 중개소들이 '그들의' 임신 번식자들을 향한 언론의
관심을 통해 고객을 유치하면서 이득을 얻고자 하는 욕심이
두드러지게 나타남을 알 수 있다. 이 욕심은 오늘날에도
맹렬하고 꾸준하게 증가하고 있다.

1984년 영국, 16세에 학교를 떠나 일찍 결혼해 아이
둘을 얻은 킴 코튼이라는 여성이 있었다. 그는 늘어나는
빚더미를 지고 있었다. 킴 코튼은 텔레비전에서 영국 여성이
남성의 정자를 수정받으면 6500파운드를 받을 수 있다는
미국 대리모 중개소의 광고를 보게 된다. 그는 이것이 빚
문제로부터 탈출할 수 있는 길이라고 믿었다(자세한 내용은
Cotton and Winn 1985, 『사랑과 돈을 위하여』 참조). 그는 이
6500파운드가 시급 1파운드에도 미치지 못한다는 것을 나중에
계산하게 되었다. 청소부보다 낮은 급여였다. 그럼에도 그는
자신이 내린 결정에 만족했다. 하지만 비교적 순탄했던 그의
임신 초반부는 중개소가 그에게 신문과 독점적인 계약 맺기를
요구하면서 나쁜 국면으로 접어들기 시작했다. 추가 급여에
끌려 이를 수락한 킴은 영국 최초의 유급 대리모로 언론의 집중
조명을 받게 되었고 그의 삶은 공공재가 되어버렸다.

　　그 결과 킴이 죽는 것이 아닌지 그의 남편이 두려워할
지경으로 고통스러운 과정을 거쳐 태어난 아기는 두 주
동안 병원에서 기다려야 했다. 아기를 의뢰한 모부가 멀쩡한
이들인지 확인하기 위해 대법원 판사의 판결이 필요했던
것이다. 베이비 코튼이라 불린 아기는 그의 외국인 아버지에
의해서 킴을 떠났고 킴은 그 이후 아기의 앞날에 대해 전혀 듣지
못했다. 다만 들은 것은 킴에게 돈을 줄 수 없다는 중개소의
통보였다. 아기를 영국으로부터 '구조'하는 데 들어간 법적
비용이 1만1000파운드에 달했다는 이유였다.(의뢰부가 이 법적
비용을 물어야 했고 그가 '그의' 생물학적 아이에게 들인 돈은
결국 2만5000파운드에 달했다.)

　　이미 킴의 임신 동안 도덕철학자 메리 워넉이 주재하는
워넉 위원회는 대리모 중개소를 포함한 상업적 대리모가
영국에서 불법이어야 한다는 결정을 내렸다. 이 법은 1985년에
시행되었고 오늘날에도 남아 있지만 소위 이타적 대리모는
계속해서 유지되며 증가 추세에 있다.

　　킴 코튼의 이야기에서 두드러지는 것은 두 가지다.
첫째, 킴은 자신이 아이를 더 원했더라면 절대 대리모를 하지
않았으리라고 말했다.(그의 남편은 이미 정관수술을 했다.)
둘째로 킴에게는 자신이 아기의 미래 모부를 만나본 일
없었고 그들이 누구인지에 대한 지식이 전혀 없었다는 점이
중요했다. 킴은 만일 자신이 그들이 어떤 사람인지 알고 그들과
접촉했더라면 딸을 주는 일이 더 괴로웠으리라고 느꼈다. 이는
생모와 아이, 그의 새 가족 간에 관계를 유지하라는 오늘날의
대리모 중개소 및 친 대리모 '소비자 집단'의 조언과는 대조되는

현실이다.

　　　　그러는 동안 미국에서는 소위 대리모들이 자신과 가족의 삶에 파괴적 대가를 가져오는 아기 판매 실태에 반대하는 목소리를 내기 시작했다. 핀레이지 구성원들을 비롯, 정치 활동가인 제러미 리프킨, 경제 동향 재단의 대표와 그의 대리인 앤드루 킴브렐은 1987년 9월 1일 대리모에 반대하는 국가 연맹을 창설했다. 창립자 가운데는 지나 코리아도 있었고, 1980년 미국 최초의 합법적 대리모인 엘리자베스 케인(가명으로, 실제 이름은 메리 베스)도 있었다. 케인은 자신이 '그저 인큐베이터'였다고 묘사하면서, 마치 대리모의 대의를 위한 서커스 조랑말처럼 텔레비전에 얼굴을 비추었으며 대리모로서 낳은 아들인 저스틴을 보낸 일을 쓸쓸하게 후회한다고 말했다. 그의 일기를 재구성한 저서 『생모』(1988/1990)에 그 자신의 이야기가 담겨 있다. 그가 기꺼이 대리모를 할 때에도, 체외수정 의사인 리처드 레빈과 대리모 변호사, 지역 목사와 같이 그가 신뢰하던 이들은 자신들의 이득과 명성을 위해서 케인의 신용을 자비 없이 착취했다.

　　　　케인은 저항하고자 했다. 그는 모든 것에 수긍하는 '유순한' 여성이 아니었다. 하지만 그는 매번 졌다. 특히 괴로웠던 한 배신은 출산 중에 일어났다. 케인은 의사에게 출산 장면을 녹화하지 못하게 막았지만 그의 산통이 시작되자 촬영자가 산실에 들어왔다. 케인은 나가라고 했지만 촬영자는 그대로 머물렀다. 리처드 레빈을 찾으려 했지만 그는 보이지 않았다. 포궁 수축이 너무 고통스러웠기 때문에 이후에는 촬영자가 더 이상 그의 주의를 끌 수 없었다. 그렇게 출산 장면은 촬영되었다. 더 충격적인 것은 산모 본인이 보기도 전에 이 영상이 「필 도너휴 쇼」에서 생방송으로 중계되었다는 점이다.

　　　이 모든 일은 1985년 대성공을 거둔 마거릿 애트우드의 소설, 『시녀 이야기』가 쓰이기 이전에 일어났다. 이 책의 주인공이 '오브(of)프레드'라고 불렸던 것처럼, 케인 역시 그의 삶에서 '오브리처드'라고 불렸을 법했다. 리처드 레빈에 의해서 통제당한 삶을 살았다는 점에서 말이다.[5]

　　　케인은 출산 이후 병원에서 또 다른 가슴 아픈 순간을 맞는다. 그가 아들을 보러 가고자 했던 순간이었다. 이전에 레빈은 그더러 아들을 볼 수 있다고 약속했으나, 이를 간호사에게 전달하는 약속을 어겼―혹은 '잊었'―다. 케인은 고집을 부렸고 결국 그가 이겼다. 신생아실로 향하자 간호사들은 그에게 때 맞춰 잘 오셨다며 기다리고 있었다고 말했다. 그러나 그들이 전화 한 통을 받은 몇 분 사이, 간호사들은 다른 말을 전했다. "실수가 있었어요. 아이 어머니이신 줄 알았네요." 극심한 고통을 느끼면서도 케인은 또다시 주장을 굽히지 않았고 결국 신생아실 안으로 들어서려던 그는, 아이의 '아버지'가 품에 안은 아들을 바라보고 아이 '어머니'는 그런 그들을 바라보는 장면 앞에 발을 멈췄다. 케인은 얼어붙었고 곧 뒤돌아 나왔다.

　　　뺨을 따라 흐르는 눈물을 닦을 시도조차 하지 못했다. 내가 품어 길러내고 낳은 아이에게서 느낀 긍지와 성취감, 깊은 슬픔과 사랑이 내 안에서 소용돌이쳤다.
나는 다시는 그를 가까이서 안아볼 기회를 가질 수 없을
것이었다(p.242).

그가 책을 쓰던 때에 이는 이미 일어난 현실이 되었다. 그는
아들을 다시 볼 수 없었다. 수년간, 그의 새 '모부'는 그에게
사진을 보내주었다. 아들 저스틴이 스포츠를 하거나 호화로운
휴일을 보내는 이 사진들은 노동자 계층인 케인에게 유복한
이들이 아들에게 주는 좋은 삶이 무엇인지를 증명했다.

1987년 그는 저스틴의 '아버지'에게 아들을 볼
수 있겠느냐고 물었으나 돌아온 대답은 질문이었다.
"비즈니스였잖아요. 나는 잔금을 치렀고 당신은 돈을 받았는데
왜 계약을 바꾸려고 합니까?"

케인은 계속 회상한다.

저스틴에게 그가 신차 한 대 값으로 거래된 것이라고
어떻게 설명할 수 있을까?[6] 왜 그를 얻기 위해 법정에서
싸우지 않았냐고 묻는다면 뭐라고 말해야 할까? 아이를
잃은 상실을 입 밖으로 마침내 표현할 수 있게 되었을 때
이미 그는 여섯 살이었다고, 법정 소송이 아이의 감정적
안정을 부숴버릴까 염려했다고, 나는 아이에게 납득시킬
수 있을까?

몇 달이 지나 리처드 레빈은 대리모를 칭송하기 위한 언론
순례에 나섰고 그로써 새 고객들을 확보했지만 케인은 얼굴에

가짜 미소를 지을 수가 없었다. 그는 우울증을 앓았고, 아이와 결혼 생활을 방기하여 결국 이혼에 이르렀다. 자살 충동은 자주 찾아왔다.

　　『생모』의 에필로그[7]에서 메리 베스 케인은 그가 얼마나 천천히 절망을 극복해 나왔는지 상세히 묘사했다. 그는 삶을 지속할 수 없을 만큼 '나약'해진 자신을 가차 없이 비난했다.

　　그를 회복의 길에 들어서도록 도와주었던 한 사건은 1986년 10월 『피플매거진』에서 찾은 한 기사였다.

　　케인은 1986년 3월 27일 세라라는 이름의 아이를 낳은 메리 베스 화이트헤드의 이야기를 읽었다. 화이트헤드는 부유한 부부인 윌리엄 스턴과 벳시 스턴 부부로부터 1만 불을 받고 뉴욕 불임 센터를 통해서 대리모 계약을 맺었다. 해당 센터의 창립자이자 대표자는 잘 알려진 대리모 변호사 노엘 킨이었다.[8] 출산 이후 그는 세라를 스턴 부부에게 주었지만 상실감을 이길 수 없었다. 아이를 보도록 허락받았고, 아이를 다시 달라고 요청한 뒤, 돌려보내지 않았다. 경찰 다섯 명이 그의 집을 습격했을 때 그는 세라를 뒤쪽 창문을 통해 남편에게 넘겼고 둘은 함께 플로리다로 도망갔다. 그곳에는 메리 베스 화이트헤드의 모부가 살고 있었다. 그러나 그는 결국 잠옷 가운 차림에 수갑을 찬 채, 절규하는 아이들과 이웃 앞에서 연행되었다. 풀려나고 난 뒤 그는 플로리다에서 딸과 함께 87일을 보내며 절박하게 변호사를 찾았다. 그러나 그와 가족들은 가난했고(남편은 쓰레기 수거 일을 했다) 누구도 그를 대리하려 들지 않았다. 경찰이 찾아와 세라를 데려갔고, 그날 아이를 보던 화이트헤드의 어머니를 땅바닥에 거꾸러뜨렸다.

열 살짜리 딸, 튜즈데이는 경찰의 폭력을 또 한 번 목격했다.

　　엘리자베스/메리 베스 케인은 이 글을 읽고 나서 "그의 악몽을 듣는 동안 불타는 분노가 내 안에서 서서히 퍼져갔다"고 회고했다. 그는 화이트헤드에게 편지를 썼다. "메리 베스, 당신은 아이를 사랑하게 되었지요. 누구도 그렇게 되리라고 말해주지 않던가요? 저도 그랬어요. 우리 둘 다 그러네요." 『피플매거진』은 그 편지를 다시 실었고, 베이비 M 사건이라 불린 이 사건—스턴 부부는 아이를 멜리사라고 불렀기 때문이다—은 국제 뉴스가 되었다.

　　1987년 3월 31일, 뉴저지 고등법원의 하비 소코 판사는 '대리모' 메리 베스 화이트헤드 대신 '자연부' 윌리엄 스턴의 손을 들어주었다.(따옴표 안의 명칭은 소코가 판결에서 사용한 것이다.) 스턴은 베이비 M의 양육권을 가졌고, 화이트헤드의 친권은 종료되었다. 소코는 대리모를 '대안적 재생산 수단'이라고 칭하기도 했다. 그는 화이트헤드가 가난하고 교육을 받지 못했을 뿐 아니라 "아이와 남편을 지나치게 통제하고 가정을 지배하려 들었다. 남편은 종속적인 역할임이 명백하며 화이트헤드는 통제적이고, 강압적이고, 착취적"이라 혹평했다. 이에 반해 스턴 부부를 무척이나 교양 있고 교육을 잘 받은 이들로 묘사하면서 판사는 그들이 "아이에게 음악과 체육을 가르칠 수준이 되므로 '베이비 M'이 대학에 갈 수 있을 것으로 사료된다"는 말을 남겼다(Arditti 1988, pp.54-56).

　　30년이 지나고도 미국의 소위 대리모들은 아이의 양육권을 위해 계속해서 싸우고 있으며 대리모와 아기 구입자에 대한 묘사도 여전하다. 생모는 교육 수준이 낮고 양육자로서의

능력이 결여되어 있으며, 아기 구입자는 의무를 다하는 사회의
대들보다.(또한 변호사를 여럿 고용할 만큼 부유하다.)

　　이 판결은 '생식의 자유'를 수호하는 이들의 승리였다.
소코 판사는 다음과 같이 말했다.

> 누군가에게 성교를 통해서 생식을 할 권리가 존재한다면
> 누군가에게는 성교를 통하지 않고 재생산을 할 권리도
> 존재한다는 결론이 도출되어야만 할 것이다. (…) 본
> 법정은 해당 수단이 대리모 문제에 확장될 수 있다고
> 판결한다(p.55).

다행히, 케인과 같이 화이트헤드를 지지하는 생모의 수가
늘어나고 코리아와 같은 페미니스트들도 본 사건을 도와,
뉴저지 최고법원에 해당 사건을 항소할 수 있는 재정적 비용이
마련되었다. 경제 동향 재단은 45쪽짜리 법정 의견서를
제출했다.[9] 이 의견서는 변호사 앤드루 킴브렐이 작성하고
제러미 리프킨과 대부분 핀레이지 소속인 22명의 페미니스트의
서명이 담긴 것이었다. 의견서는 소코의 한쪽에 편향된
관점, 오로지 정자 기증자의 '생식의 자유'만을 허용하며
화이트헤드를 비인격화하여 그를 "스턴 부부에게 결여된 임신
및 출산 부품"으로 바라보는 관점을 비판했고 다음과 같이
주장했다.

> 메리 베스 화이트헤드는 생물학적 어머니로서 헌법으로
> 보호되는 권리를 지닌다. 그는 아이를 보호하고,

양육하고, 교류할 권리를 가지고 있다. 누구에게도
개인으로부터 헌법상 보호되는 권리를 빼앗는 계약을
시행할 권리란 없다(p.57).

항소 결과를 기다리면서 대리모 반대 전국연합은 1987년 9월
1일 활동을 시작했다. 연합의 목표는 생모에게 무료 법률
지원을 할 수 있는 전국적인 지지와 법적 연결망을 만들어내는
것과 더불어 미국 주 안에서 대리모와 대리모 계약을 금지하려
하는 의원들의 선거운동이었다. 연합의 첫 번째 기자회견에서,
대리모였던 알레한드라 무뇨스와 퍼트리샤 포스터[10]는
오늘날까지 주효한 질문들을 던졌던 지나 코리아가 그러했듯,
다음과 같이 물었다.

번식자 여성이라는 계급이 있는 세상에 태어나는 것이
여자아이에게 최선인가? 이는 여자아이의 자존감에
얼마큼 해로운가? 만약 해롭다면 그것은 우리에게
중요한 문제인가? (⋯) 재생산을 산업화하는 사회를
원하는가? 자본주의라는 물레방아는 정말로 모든
것을 가루 낼 수 있는 것인가? 무엇을 팔고 혹은
살 수 있는지에 어떤 제한이란 것이 과연 존재는
하는가(p.61)?

엘리자베스/메리 베스 케인은 그와 다른 생모들이 그 이후 몇
년간 미국 열 개 주에서 대리모 금지를 이끌어내는 데 혁혁한
공을 세웠음을 무척이나 자랑스럽게 기억한다. 이 지역들은

루이지애나, 미시간, 플로리다, 인디애나, 켄터키, 네브래스카,
유타, 애리조나, 워싱턴, 노스다코타. 더욱 많은 생모가
용감하게 대중 앞에서 자신의 이야기를 했다. 그러나 이때는
처음으로 대리모가 사망한 (공식적) 사건이 밝혀진 시기이기도
했다. 텍사스에 사는 여성인 데니즈는 갈급하게 돈이
필요했기에 대리모를 했다. 그는 임신 6개월 때 심장에 문제가
있음을 알게 되었다. 심장박동 측정기를 구비해야 한다는
조언을 들었으나 그에게는 그것을 살 250달러가 없었다. 아기
브로커도 의뢰인 모부도 전혀 지원해주지 않았다. 임신 8개월
차에 그는 "뱃속에 태어나지 않은 아들을 품고" 침대에서 죽은
채로 발견되었다(Kane 1988/1990, p.277).

　　　1988년 2월 3일, 뉴저지 고등법원은 상업적
대리모 계약이 불법이라고 판결했다. 법원은 메리 베스
화이트헤드에게 친권을 돌려주었다. 판결은 또한 대리모가 아기
판매이며 여성의 열악한 상황을 이용해 이득을 취하는 행위라
평했다(Arditti 1988, p.64).

　　　그러나 이 승리는 허울뿐이었다. 대법원은 양육권을
윌리엄 스턴에게 남겨놓았고 베이비 M은 스턴 가정에서
자라났다.[11]

　　　베스트셀러 『여성과 광기』(1972)와 『법정에 선
엄마들』(1987)로 알려진 페미니스트 저자 필리스 체슬러
역시 대리모 반대 전국연합에 가입했다. 1988년, 그는 메리
베스 화이트헤드의 이야기를 『신성한 유대: 베이비 M 사건의
유산』이라는 제목의 저서로 출판했다. 책 속에서 체슬러는
대리모가 아동학대의 한 형태이며 성차별이라고 주장했다.

대리모들은 여성의 복종, 희생, 종속이라는 기독교적 규율을
포함한 가부장제의 희생자다.

　　　　고통스러운 미국 대리모 이야기에 관해, 사회학자
바버라 카츠 로스먼은 저서 『시험적 임신: 산전 진단과 모성의
미래』(1986)를 통해서 산전 검사가 임신한 여성과 아이가 맺는
관계에 미치는 영향에 대하여 중요한 질문을 던졌다. "악몽과도
같은 상황을 끝낼 시간은 이미 왔다"고 간단히 말하며 그는
다음과 같이 주장했다.

> 대리모 계약의 기저에 깔린 원칙을 인정하지 않고, 모성에
> 있어서 대리모라는 개념을 받아들이지 않음으로써
> 우리는 이것을 중단할 수 있다. 대리모란 대용품이다.
> 인간관계에서 대용품이란 존재할 수 없다. 임신한
> 여성이 곧 그가 낳는 아이의 어머니다. (…) 우리는
> 아이를 임신한 배 부른 여성에게 그 아이는 다른 이의
> 아이라고 말하는 발상을 받아들이지 않을 것이다.
> 태아는 여성 신체의 일부다. 난자와 정자의 출처와는
> 상관없다. 생물학적 모성이란 서비스나 상품이 아닌,
> 관계다(1989, pp.237-238).

여동생에게 난자를 공여해 아이 앨리스를 낳게 한 호주인 매기
커크먼이 『내 언니의 아이』(1989)를 펴낸 것은 애석한 일이다.
그는 아마 바버라 카츠 로스먼이나 엘리자베스 케인의 책을
읽지 않은 듯하다. 비록 생모인 린다 역시 공저자로 알려져
있지만 351쪽 중 65쪽만 린다가 썼다.(이들은 둘 다 체외수정

의사에 의하여 일기를 쓰라는 권유를 받았었다.)

　　1985년, 38세의 중산층 고학력자로 박사과정 중인
심리학자였던 매기 커크먼은 멜버른 유수의 가정 출신의
세번과 결혼을 앞두고 있었다.(이들의 불꽃같은 로맨스가 책에
전부 적혀 있다.) 매기는 이전에 결혼을 한 적이 있었고 아이를
낳으려 했으나 임신하지 못했고 1978년에 섬유종 때문에 포궁
절제술을 거쳐야 했다. 그러나 의사인 그의 아버지는 난소를
절제하지 말라고 주장했다. 한편 세번 쪽이 1978년 정자
기증자가 되려 하면서 불임이라는 것을 알게 되었다. 그의
자존심에 커다란 흠집을 내는 일이었으므로 그는 가족들에게
이 사실을 알리지 않았다.

　　매기와 결혼한 뒤 몇 달이 지나 세번은 대리모를
제안했다. 그 말을 들은 매기는 입이 떡 벌어지게 놀랐지만,
그러면서도 어린 여동생 린다를 즉시 떠올렸다고 스스로
묘사한다(1989, pp.42-43).

　　매기보다 8살이 어린 동생 린다는 자기 난자가 아닌
매기의 난자를 쓸 수 있다는 이야기를 듣고 이에 동의했다. 매기
역시 유전적으로 자기 아이를 원했다. 이후 이들은 실용적인
부분을 논의했다. 끈끈한 가족애로 이어진 가족들이 으레
거치는 과정이었다. 매기는 린다에게 돈을 주지는 않았다고
했지만 의료비나 집 청소 비용, 린다의 두 아이에 대한 돌봄
비용은 당연히 지불했다. 이어지는 과정은 매기의 서술 속에
묘사되어 있다.

　　우리는 우리가 린다에게 사줄 임부복을 고르는 것을

즐겁게 도우리라고 말했다. 나는 아이를 원했을 뿐
아니라 늘 임신을 하고 싶었다. 그리고 임신한 여성이
감동적일 정도로 아름답다는 것을 알게 되었다. <u>우리</u>
<u>아이</u>를 잉태한 린다의 임신에 간접적으로 함께하는 일은
큰 기쁨이었다(p.46, 강조는 저자).

린다의 임신 기간 전반을 아우른 매기의 '기쁨'과 '도움'이란
다른 식으로는 '통제'나 '감시'로도 설명될 수 있다.

　　일단은 협조적인 산과의를 찾아야 했다. 1985년
체외수정 대리모는 여전히 전 세계적으로 매우 희귀했고
호주에서는 실시된 적이 없었다. 게다가 빅토리아 주
정부는 체외수정 및 관련 기술에 대한 윤리 및 법적
측면을 조사하는 위원회를 꾸리고 있었다. 매기에 따르면,
멜버른의 모내쉬대학에서 처음으로 체외수정 진료소를 연
존 리턴 교수가 기회를 주었다. 그가 원래 있던 병원의 산하
윤리위원회가 그의 요청을 거절하자 리턴 교수는 윤리위원회가
없는 다른 병원을 찾았다. 매기와 세번은 병원이 구비해야
했던 배아 인큐베이터를 구입할 비용을 댔다. "1000달러가
넘는 돈이었다." 그들은 그들의 돈으로 쌍둥이를 위한(그들은
쌍둥이를 원했다) 나무를 심었다. 매기는 스스로가 "감정적으로
극도로 취약한 상태였다"며 당시를 술회한다. 그는 거의 잠을
이루지 못했고, 잉여 배아의 향방에 대해 걱정했고, 배아를
채취한 다음날에는 교통체증에 갇혀 있었다. 그의 기억 속에
당시는 "긴장과 혼란에 짓눌렸던" 때로 남아 있다(pp.74-77).

　　모든 것을 계획한 쪽은 매기였다. 그들은 교통체증이

제일 심한 시간에 도로를 달리곤 했다. 그가 얼마나 스트레스를 받았던지는 책의 매 쪽에서 느낄 수 있다. 반면 린다의 서술은 좀 더 무미건조하다. "나는 다른 이를 돕기를 좋아한다. 필요한 때도 있지만 반드시 필요에 의해서 하는 것만은 아니다(p.66)."

　　　매기의 혈관은 하루에 두 번 찔렸다. 호르몬 수치를 검사하기 위해서였다. 당시 매기는 불임치료 약물인 클로미펜을 복용했다.[12] 이후 린다는 체외수정 의사의 전화를 초조하게 기다렸다. 전화가 늦으면, 매기는 "신체적인 공황 증세"를 느꼈다. 그리고 진정하기 위해 계속해서 안정 요법을 써야 했다.(그리고 독자 역시 이 책을 읽는 동안 해당 요법을 필요로하게 될 것이다.)

　　　이후 매기는 난포자극호르몬(FSH)과 황체형성호르몬(LH)이 포함된 사람 완경기 고나도트로핀(hMG)을 투여했다. 그는 이 '약물 칵테일'에 대한 로빈 롤런드의 비판을 언급하지만 그것을 받아들이지는 않는다. "나는 내 건강을 해치고 있다고 생각지 않았다(p.83)."

　　　하루에 두 번 채혈을 하는 과정은 린다에게도 스트레스였다. 저녁에 이루어지는 채혈은 의사인 그의 아버지가 실시했다. 당시 다 함께 모부의 집으로 들어가 지내던 참이었다.

　　　약물성 두통과 난소통이 잇따랐지만 이는 모두 좋은 신호였다. 매기는 이를 악물고 고통을 삼키며 초음파가 그의 '늙은' 난자(그는 겨우 40세를 넘긴 참이었다)가 잘 자라고 있음을 보여주는 데 기뻐했다. "이상하게도 나는 내 자신이 무척이나 자랑스러웠다. (…) 마치 가득 찬

둥지에서 꼬꼬댁거리며 날개를 푸드덕거리고 싶어하는 암탉 같았다(p.90)."

　　　새벽 4시가 지나면 hMG를 매기에게, 에스트로겐 알약을 린다에게 처방하는 시간이 돌아온다. 그다음은 난자 채취를 위한 전신 마취였다. 매기와 세번은 충분히 성숙한 난자가 고작 두 개밖에 채취되지 않았음에 실망했다. 난자를 채취하기 위해서 한 시간 반가량 뱃속에 가스를 펌핑한 결과로 생겨난 어깨 통증으로 고통받던 매기는 "임신이 성공할 수 있을까 하는 불안감과 신체적으로 두들겨 맞으면서 생겨난 감정이 얽혔다"고 회상한다. 드라마 퀸 같은 매기의 성향은 다른 자매인 신시아에 의해서 들통난 것으로 보인다. 신시아는 매기에게 냉담하게 말을 건넨다. "네가 지구상에서 제일 고통받는 인간 같구나." "고뇌에 휩싸여 보이네"(pp.96-97).

　　　오랜 시간을 고통스럽게 기다려 마침내 부부는 난자 세포 두 개가 다 성숙되었다는 소식을 접했다.(정자 기증자는 가족의 친구였고 익명으로 남았다.)

　　　다음 절차는 린다의 포궁에 배아를 이식하는 것이다. 매기와 세번, 린다의 남편 짐도 함께였다. 불안함이 지나간 끝에 임신이 확인되었다. 임신 초기 세 달은 상황이 자신의 통제를 벗어났음에 좌절한 듯한 매기의 태도 외에는 별다른 드라마 없이 지나갔다.

　　　나는 내가 임신을 했더라면 좋았으리라고 생각하면서 손수건으로 눈물을 훔쳤다. 여자 한 명의 감정이 아니라 두 명의 감정을 생각하는 일은 버겁고 당황스러웠고,

임신 초기 12주 동안 린다가 경험하는 '월경 전 긴장'을
경감하는 데 도움을 주지 못했기 때문이다(pp.131-132).

그리고 부부가 꾸었던 쌍둥이의 꿈은 초음파 직후 날아갔다.
배아가 한 개밖에 없었던 것이다. "세브(세번)와 나는 무척이나
실망했다. 아이 하나만으로도 감사해야 하는 걸 알면서도
말이다. 우리는 계속해서 아이를 잃은 것만 같다고 생각했다.
죽은 아이는 딸이었을까, 아들이었을까? 남아 있는 아이는
딸일까, 아들일까(p.137)?" 아이를 하나만 임신한 것이 더
수월하리라는 점을 지적한 것은 린다였다.

이즈음 변호사는 부부가 린다의 아이를 입양하기가
어려우리라고 말했다. 부부가 둘 다 40살이 넘은 상태였고
빅토리아 주에서 가족 구성원을 입양하는 것은 "특별한 조건을
제외하면" 허용되지 않았다. 이들은 바로 이 '특별한 조건'에
매달려야 했다.

매기는 수유 전문가를 찾아가 자신에게 젖이 돌 수
있도록 유선을 자극해달라고 했다. 린다의 임신 동안 매기가
'우리' 아이를 '내' 아이라고 바꾸어 쓰기 시작한 시점이다.
매기는 이렇게 썼다. "내 아이를 안고 젖을 주는 일은 상상할 수
있는 기쁨 중 가장 풍요로운 것이었다." "나는 마치 내 아이가 내
안에 있는 것처럼 이야기하고 있었다"(p.139).

린다의 아이를 자신의 아이라고 여기는 동안 매기는
아이가 다운증후군이나 다른 유전적 질병을 가지고 있을지
모른다는 의심을 갖게 되었고 이 생각은 매기를 겁먹게 했다.
"위험을 무릅쓰고 양수 진단을 할까? 임신을 중단하기는

너무 늦었을까, 아니면 진실을 알아내서 두려움을 다스려야
할까(p.148)."[13]

　　임신 초반 12주간의 린다의 일기 속에서도, 한 번이기는
하지만 그 역시 "매기의 아이"라고 이야기하기 시작한다(p.157).
그는 자주 아팠고 남편에게 퉁명스러워졌으며, 연말까지
예정되어 있던 일들을 할 수 없었다. 그는 대학 공부를
미루고, 크리스마스 시즌에는 남편과 딸에게 비용을 대주며
스코틀랜드로 5주간 여행을 보냈다. 남편이 출발하기
직전 린다의 초조감은 극심해졌으나 그는 극복했다. "다른
사람들로부터 내가 얼마나 멋지고, 얼마나 좋은 일을 하고
있는지 이야기를 들으면 기분을 한결 나아졌다(p.160)."

　　린다가 매기의 일기에 대해서 한 이야기는 자못
흥미롭다.

> 매기의 일기는 임신과 우리 관계에 대한 온갖
> 감정으로 가득하다. 내 일기 역시 임신에 대한 감정적
> 반응을 기록하기로 되어 있었지만 나는 그저 피로할
> 뿐이었다. 피로하고 가끔 기분이 나빴지만 그것은
> 내가 임신해서였지 대리모여서가 아니었다. 나는
> 감정에 뒤덮이기 전에 그것을 억누르곤 했다. 일종의
> 해결법이었다. 의식적으로 하는 건 아니었다(p.161).

그러는 동안 매기는 세번이 전일제 근무로 돌아가면서 혼자
맡게 된 새로 짓는 집의 감독자 역할 수행을 포함해 지속적인
스트레스를 받으며 박사과정을 1년 유예했다. '그의' 아기를

걱정하느라 글에 집중할 수 없었고 마음에 쌓인 할 일이 백만 가지는 되었기 때문이다. 린다는 성미가 점점 더 거칠어졌다. 매기는 1987년 12월 20일 일기에 다음과 같이 썼다. "오늘 린다는 아픈 것이라면 진절머리가 난다면서 내가 임신을 하면 좋았겠다고 말했다. 나 역시 그러고 싶다는 걸 린다도 알 것이다. 그렇다면 모든 게 얼마나 훨씬 간단했을까(p.173)."

　　　임신 중반기 동안 매기는 집을 개보수하고 성대한 가족 파티를 계획했으며 린다는 여전히 임신으로 인한 피로와 언짢은 감정 속에 놓여 있었다. 린다와 매기는 시골에 살고 있었으므로 멜버른에 위치한 '그들의' 병원 예약 날에는 끊임없이 차를 타고 가야 했다. 이즈음 새로운 용어가 등장한다. '임신출산 어머니'라는 단어가 매기의 일기에 등장하는 것이다(p.182). 린다와 "린다의 인큐베이터로서의 책임"에 대해 말하면서 나온 단어다(p.185, 강조는 저자). 이후 매기는 자신을 '생물학적 어머니' 그리고 '산모'라 칭한다(p.285).

　　　정치인들과 장막 뒤에서 은밀한 만남을 가지고 법적 소견을 얻게 될수록, 매기는 중산층 여성으로서의 분노를 잔뜩 뿜어낸다. "오늘[1988.2.25] 나는 무척 화가 났다(p.202)." "왜 내 아이가 린다와 짐의 아이로 등록되어야 하는가?" 공식적으로는 아이가 입양 절차를 통해서만 자신의 아이로 등록될 수 있다는 불가피한 사실을 알게 된 뒤, 그에게서 나온 답은 이랬다. "우리가 하는 일이 틀렸다고 생각하지 않는다. 우리가 보기에 아이는 이모에게서 태어난 뒤 제 어머니에게 가야 한다. 제 어머니에게 입양되는 게 아니라(p.278)."

　　　린다의 글에는 분열이 나타난다. 그는 임부복을 입을

준비가 되지 않았다고 말한다. "임신을 한 티를 내는 것은 마치 거짓으로 살아가는 일 같았다. <u>아이를 가진 건 매기지 내가 아니다(p.214, 강조는 저자)</u>." 그리고 린다의 두 아이는 제 어머니가 '매기의 아이'를 가졌다고 말한다(261쪽).

산달이 다가올수록, 많은 이가 이를 '시험 사례'로 보고 있음이 분명해졌다. 리턴 교수는 싱가포르 체외수정 회담을 위해 그가 '임신출산 대리모'라 부르는 것에 대한 문서를 작성했다. 모내쉬 체외수정 클리닉은 언론 자문을 제안하기도 했으나 매기 부부는 거절했다. 이들의 신원은 언론에 공개되지 않았고 매기는 그들의 '진짜' 이야기를 직접 하고 싶어했다. 호주 펭귄 출판사와 계약이 이루어졌다. 매기는 책이 빅토리아 주의 "법 프레임"에 영향을 미치기를 바란다(p.234).

임신 후반기에는 병원 예약이 더 많아졌고, 린다에게 "아주 똑똑해 보이는" 임부복을 사주었으며, 매기의 스트레스 지수는 전보다 더 높아졌다. 하루 3시간 동안 수유 유도를 한 데다가 입양 절차가 진행되는 6개월간은 린다가 아기를 데리고 있어야 한다는 생각에 "어지러운 상태에서 훌쩍이며 무너져 있었기" 때문이다. "아기는 나를 어머니라고 알아보지 못할 것이다"(pp.230-233).

매기를 끔찍하게 괴롭혔던 행정적인 걱정은 린다가 출혈을 시작하면서 사라졌다. 린다는 임신 29주 차였다. 아이를 출산할 수는 있지만 조산인 때였다. 린다는 앰뷸런스를 타고 멜버른 병원으로 향했다. 매기는 차를 타고 앰뷸런스 뒤를 쫓았다. 린다는 태반이 포궁 경부로 움직이는 전치태반이 의심되니 이틀간 병원에서 쉬라는 권고를 들었다.[14] 이때

초음파로 아이의 성별을 알게 되었다. 여자아이였다. 병원을
나서면서 매기는 생각했다.

> 울거나 잠을 자는 아기들로 가득한 신생아실을
> 지나쳤다. 나는 내 딸과 너무나 가깝게 느꼈기 때문에
> 그를 낯선 이들 사이에 떨어뜨려놓을 수가 없었다.
> 그의 강력한 심장박동과 뚜렷한 활기가 내게 희망을
> 주었고, 나는 그가 린다의 몸속에 끈질기게 매달려 있어
> 안전하기를 바랐다(p.240, 강조는 저자).

완전히 사실이 아닌 무언가를 믿기 시작할 때의 힘이 얼마나
강력한가를 보여주는 대목이다. 또한 동생에 대한 사랑을
고백하던 매기가 린다를 '몸'으로만 보면서 오직 '자신의 아이'가
낯선 이들과 남겨진다는 것을 걱정하고 있기도 하다. 이는 앞서
대리모가 규제될 수 없으며 반드시 중단되어야 한다고 주장한
나의 의견을 뒷받침한다. 임신 동안 나타날 수 있는 감정들은
완전히 예측 불가능하고, 한 사람 혹은 그 이상을 위험으로
몰아넣는다.
 2일 뒤인 1988년 4월 5일, 초음파 결과 태반이
포궁벽에서 박리되어 포궁경부로 이동했음을 알게 되었다.
4기에 가까운 전치태반 3기였다. 게다가 아기는 매우 작아서
박리된 태반으로부터 충분한 영양소를 섭취할 수 있을지
염려되는 상태였다. 빅토리아 주 사회복지부 소속 공무원은
병원에서 입양 절차에 필요한 질문을 시작했다. 린다는 "누구도
내가 원치 않는 일을 강요할 수 없다"고 단언하고자 했고

매기가 첨언했다. "린다는 아기에게 무심하고 애의 미래에 아무런 불안도 느끼지 못하는 듯 보였다는 점에서 나보다 유리한 위치에 있었다(p.245)."

　　과도한 투자로 인한 스트레스와 분열이 동시에 나타나고 있는 모습이다.

　　그러나 염려는 여기서 끝나지 않았다. 아기의 심장 박동을 나타내는 모니터는 아기가 충분한 영양을 공급받지 못해서 다음날에도 상태가 나아지지 않는다면 응급으로 제왕절개를 해야 할 것이라 말했다. 심지어 존 리턴 교수는 그들이 비밀로 부쳤던 이야기가 공개되어 인터뷰를 하러 다니느라 바쁘다는 성가신 소식을 전해왔다. 그날 저녁 이들은 텔레비전에서 사람들이 자신들에 대해 이야기하는 것을 들어야 했다. 그나마 이름은 나오지 않았다. 이 일은 더 뒤에 일어나며, 한밤중에 린다는 이 아기의 사연을 아무도 알지 못하는 사설 병원으로 옮겨졌다. 매기는 린다가 '슬픔에 젖고' '불행'했다고 회상했지만, 이는 '자기' 아이의 안녕을 염려하는 매기 자신에 대한 서술이었다. 이때 그는 모든 것, 모든 사람을 쫓아다니며 통제하려 하고 있었다.

　　린다는 멜버른에 있는 모부의 집으로 갔고 그곳에서 7주를 더 보낸 뒤 38주가 되었을 때 제왕절개로 출산을 하고자 했다. 매기는 그와 계속해서 붙어 있었다. "나는 8주 동안 그의 보모였다. 이것은 큰 책임이었다. 나는 심지어 린다와 더블베드에서 함께 잤다. 린다는 밤 동안 아이가 내 등을 찰 지경이라고 말했다(pp.253-254)."

　　이 무렵은 출산 당일이 될 때까지 짜증과 언짢음으로

가득하다. 그들이 무엇을 하고 있는지 이해하지 못하는
정치인들을 향한 매기의 분노는 한층 거세어졌다. 매기는
동생에게 딱풀처럼 달라붙었고 수유를 유도하는 데 더 많은
시간을 썼다.

　　　린다는 한계에 다다랐고 무너져 울기 시작했다. 그는
시골에 있는 자기 집에 가고 싶어했고 매기는 '자기' 아기의
건강을 생각하느라 언짢아했다. 5월 13에 있었던 출혈은 당장
멜버른의 병원으로 앰뷸런스를 타고 가야 한다는 신호와도
같았다. 린다는 아기를 낳고 싶어했고 매기는 한 주를 더
기다리고 싶어했다. 매기는 지극한 스트레스 속에서 "슬픔과
불안으로 뒤덮였다"(p.264). 린다가 그를 위로했다. 전치태반이
아이에게 위험한 것만큼이나 생모에게도 그러하다는 사실은
언급되지 않는다.

　　　결국 매기의 바람대로 되었지만 5월 20일 린다는 마침내
반항한다. "됐어. 나는 충분히 했어. 더는 못 기다려(p.276)."
그리고 1988년 5월 23일 아기 앨리스가 2.4킬로그램의
체중으로 건강히 세상에 나오는 장면에서 독자를 비롯한
모두가 안도한다. 모두가 아기에게로 달려가면서 린다는
관심에서 벗어났고 그의 곁에는 남편이 남았다. 그러나
이것은 이야기의 끝이 아니다. 이후 린다는 '조카'를 위해
수유를 했고 매기가 앨리스에게 젖을 먹이면서 자매는 몇 주
동안을 함께 보냈다. 앨리스의 출생 2주 뒤 언론은 그들의
이름을 밝히고 즉각적인 기자회견을 통해 그들에게 이야기를
청했다. 린다는 "빅토리아 주의 훌륭한 체외수정 기술 덕분에
언니의 아이를 무사히 낳을 수 있었음을 이야기하고 싶습니다.

조카인 앨리스는 5월 23일 예정일보다 4주 앞서 태어났지만
건강합니다"라고 말했다(p.336).

　　출간 이후 거의 30년이 지나서 『내 동생의 아이』를 다시
한 번 꼼꼼히 읽으면서 중요한 교훈을 얻을 수 있다.

　　우선은 그것이 '사실'이든 망상이든 간에, 의지가
분명하고 교육 수준이 높으며 유복한 계층의 사람들이 자기
유전자(일부 혹은 전부)를 가진 아이를 낳고자 한다면 어떤
형태로든 대리모가 허용된 나라나 주에서는 성공적으로 목표를
이룰 수 있다는 점이다.

　　두 번째 교훈은 여기서 두 명의 지적인 여성이 그들의
의료 전문가 존 리턴 교수의 지혜로운 말들을 내면화한다는
것인데, 생모를 '임신출산 캐리어'로 이해한 리턴 교수의 관념은
오늘날까지도 대리모를 둘러싼 담론을 지배하고 있다. 1989년,
존 리턴은 여성지 『뉴아이디어』와의 인터뷰에서 체외수정
대리모의 이점을 다음과 같이 설명했다.

> 아이가 완전히 그들의 유전자—아내의 난자, 남편의
> 정자—로 이루어지게 됩니다. 그리고 임신 이후 아이와
> 대리모 간에 유대가 있을 위험은 적습니다. 모두가 놓치고
> 있지만 이게 핵심적인 부분이죠(Monks 1989, pp.12-13,
> 강조는 저자).

대리모 산업에 발을 걸친 이들은 리턴 교수의 단어를 그대로
받아 안으면서 전 세계 수많은 난자 '공여자'가 자신의 유전자가
섞인 아이를 자기 것이라고 주장할 리 없다는 사실에 무척이나

기뻤을 것임이 분명하다.

하지만 세 번째 교훈은, 아무리 부유하고, 서로 연결되어 있고, 의지가 굳다고 할지라도 삶은 규칙대로 이루어지지 않는다는 것이다. 매기 커크먼과 남편은 동생의 아이를 입양하기 위해 대법원으로 향해야 했고 14개월이 걸렸다. 물론 이 과정에서 많은 비용이 소요되었을 것이다(Kirkman 2002, p.140).

네 번째로, 커크먼 자매의 대리모 사례는 린다의 임신 기간 내내 강력한 지지와 도움을 주는 끈끈한 대가족에 의해서 전폭적 응원을 받았다. 린다 역시 앨리스를 임신한 일을 "대가족 모두를 위한 일"로 받아들였다(Hurley 1989, p.23). 엘리자베스/ 메리 베스 케인은 호주로 와서 린다 커크먼과 토론을 벌였다. 토론이 있었던 1989년 1월 20일 디킨대학 여성학 하계 강좌에서 케인은 다음과 같이 말했다.

> 린다가 대리모에 대해서 입장을 바꾸었더라면 그는 앨리스를 잃은 상실감보다 더 큰 상실을 겪어야 했을 것이다. 그랬더라면 그는 가족 내에 속할 수 있었을까? 린다에게는 평소 성격 그대로 현상을 유지하는 편이 훨씬 쉬웠을 것이다. 훗날 자신의 느낌을 인지하게 된다 해도 얻을 게 없을 것이다(1988/1990, p.282).[15]

실제로 그랬다. 앨리스는 이제 서른이 다 되었고 언론의 관심 밖으로 밀려났다. 그러나 린다가 계속 말했던 것처럼 자매간의 관계는 정말 평등했을까? 누가 멋지게 차려입고 앨리스를

안은 채 여성지에 등장해 자부심에 가득 차 있던 매기와
그의 이야기를 잊을 수 있을까. 린다는 그들의 책 표지나
기자회견에서나 사진 속에 어딘가 어색하게 선 채 손뜨개
외투를 입고 있었다. 결혼을 해서 시골로 내려가 학교 교사로
일한 수수한 여성, 앨리스의 이야기가 시작될 무렵 세 살, 다섯
살 아이를 두었던 그 모습대로다.

　　　누구나 특정한 문제에 대해서 독자가 이해했으면 하는
대로 이야기를 쓰기 마련이고, 내 책도 예외는 아니다. 이는
우리가 글에서 특정한 요소를 다른 요소보다 더 강조한다는
뜻이다. 매기 커크먼은 1980년대 후반 빅토리아 주에서
최고조를 달렸던 페미니즘적 비판을 책 속에서 거의 언급하지
않는다. 언급할 때에도 그것이 '자신들의' 이야기와는 다르다고
말하면서 기각한다.

　　　'우리 경우는 달라요'는 예나 지금이나 모든 대리모
이야기에서 등장하는 또 다른 교훈이다. 그들만의 특별한
사례의 가치를 논하는 이들은 개인의 권위에 대한 관점을
앞세운다. 이 관점은 신자유주의적 규제주의 틀 안에 대리모를
위치 짓는 국가나 주 안에서만 성공을 보장한다. 내가 이 책을
통해 주장했듯, 대리모는 아이를 사랑 혹은 돈을 이유로 그를
기른 생모로부터 떼어놓는 행위이며 어떤 '동의'나 '선택'을
들먹인다 해도 이것은 여성의 신체완전성에 대한 침해다. 나의
이 입장을 재고할 정도로 좋은 결말을 보여주는 이야기는
수천수만 가지의 비통한 이야기에 비하면 너무나 적다.

　　　1988년 7월 1일, 빅토리아 주에서 모든 체외수정
대리모는 불법이 된다. 1984년 불임 의료 조치 조항이

선언되면서부터였다. 대리모가 다른 이를 위한 아이를 낳기 전에
아이를 낳은 적이 없어야 한다는 조건이 붙으며 한층 더 규제가
엄격해진 체외수정 대리모는 1995년까지 불법으로 남아 있었다.
이 조항으로 빅토리아 주 내에서 대리모는 중단된다. 당시
멜버른에서 성행했던 체외수정 산업은 영리를 추구할 새로운
시장의 종식을 안타까워하지만 주의 법을 따라야만 했다. 리턴
교수는 1995년 법 개정에 분노했다. "이 웃기는 상황은 사실상
체외수정 대리모를 불법화하는 게 목적이다(Milburn 1998.5.23)."

　　　그리고 2010년 1월 1일, 빅토리아 주에서 '이타적
대리모'가 다시 합법이 되었다. 2008년 보조생식기술조항이
도입되면서부터였다. 해당 조항은 1995년의 관련법을
폐지시켰다. 2008년 법은 최소 아이가 태어난 지 28일부터
주 혹은 대법원에서 의뢰 모부에게 대체 모부 확정 명령을
승인했다. 대체 모부 확정 명령이 법원에서 내려지고 나면,
새로운 출생 신고서가 발급되고 '새' 모부는 아이의 새 이름을
정할 수 있다. 의뢰 모부가 아이에게 생모의 존재를 말하거나
말하지 않는 것은 그들의 자유다.

　　　이것이 21세기에 자신의 포궁으로 아홉 달 동안 아이를
길러내고 낳은 실재하는 여성이 법적으로 사라지는 방식이다.[16]

　　　물론 현재의 법적 상황은 1988년 매기 커크먼의 삶을
더 쉽게 만들어주었을 터이지만 그렇지 못했다. 매기가 린다의
임신과 출산에 대해 쓴 2002년 보고서를 보고 나는 그들의
아버지인 잭의 코멘트에 놀라게 되었다. 자매의 책이나 다른
어느 곳에서나, 매기는 포궁절제술 이후 불임이 된 자신과
마찬가지로 불임인 새 남편 세번이 제안한 체외수정 대리모에

자신이 합의했다고 적어놓았다. 앨리스의 첫 돌잔치에서, 매기는 아버지의 말을 다음과 같이 인용한다. "아버지는 세브의 생각에 지대한 기여를 했다. 아버지가 '앨리스는 세브의 뇌와 상상력이 만들어 낸 아이다'라고 말했던 것이 기억난다(2002, p.142, 강조는 저자)."

　　앞에서도 말했듯, 이들에게 아이를 만드는 것은 정말로 남자인 것이다.

　　망상은 힘이 세다. 우선 아이를 낳은 생모는 자신의 아이를 아이가 아닌 조카라 부른다. 그의 언니는 이 아이가 자기의 아이일 뿐 아니라 자신의 몸 안에 정말로 있었다고 믿는다(p.139). 그리고 사회적 아버지의 '뇌와 상상력', 심지어 정자 기증자도 아닌 그가 아이를 만들었다고 확언하게 된다. 포스트모더니즘이 한층 거세어진 것인지, 소위 가부장제라 불리는 아버지의 규칙이 미소를 짓고 있는 것인지 모르겠다. 헤이그 국제사법회의가 양육 문제에 집중하는 것도 놀랄 일이 아니다(5장 107-111쪽 참조).

　　1980년대 후반 커크먼의 '실험' 이후, 대리모는 언론의 관심에서 벗어났다.[17] 1991년 2월 22일과 23일, 멜버른에서 전국적 회담이 열렸다. "대리모, 누구의 이익인가?"라는 이 회의에 참여한 발언자는 정치인부터 관료, 린다 커크먼과 친권 포기 어머니들, 생명윤리학자, 유명 페미니스트 등등 다양했는데 이들은 모든 대리모에 반대한다는 결론―물론 린다 커크먼은 반대했다―을 내렸다(Meggitt 1991). 멜버른 대학교 사회복지부 교수가 이 회담을 다음과 같이 요약했다.

　　우리의 경험과 지식을 나누는 동안 대리모(상업적 혹은

이타적)가 바람직하지 않고, 위험하고, 사회적으로 해를 끼치며 이것이 제도화되어서는 안 되는 공정이라는 강력한 관점이 부상하게 되었습니다(Meggitt 1991, p.137, 강조는 저자).

그럼에도 불구하고 1997년 호주 가정법원은 대리모 이후 첫 번째 양육권 분쟁을 다루게 되었다. 퀸즐랜드에서 사적 계약으로 이루어진 이 '전통적' 대리모는 두 명의 친한 여자친구(둘 다 기혼이며 한 쪽이 불임) 사이에 일어났고 '이타적' 대리모 사례에 해당했다. 그러나 마지막에 생모 S가 아기 에블린을 의뢰모 Q에게 넘겨준 뒤, Q는 그 결정을 후회하게 된다. 가정법원은 Q와 남편이 아기와 1년을 함께 살았지만 아기를 생모인 S에게 넘겨주어야 한다는 결정을 내린다.

1988년, 연방정부는 국가 생명윤리 자문위원회를 소집한다. 해당 위원회는 1992년 의회에 '이타적' 대리모가 합법화되어야 하지만 생모가 한 달 동안의 '휴지기'를 가져야 한다는 등의 엄격한 조건이 붙어야 한다고 권고한 바 있었다. 그러나 권고 사항은 무시되었고 위원회는 해산했다. 위원회 구성원 가운데 두 명인 과학자 헤더 디트리치와 수녀 레지스 던은 위원회 주요 보고서에 대한 이견을 제출했다. 이들은 다음과 같이 직설적으로 적었다.

대리모에 대한 법적인 정비가 비공식적인 사적 계약을 막을 수 있다고 확신하지 않는다. 국가가 보증한 중개소가 지원자를 성공적으로 선별할 수 있다거나 어떤 위해도 없을 것을 보증하는 일이 가능하리라고도 여기지 않는다. 위해를 예방하는 최선의 방법은 해당 행위를 일절 하지 않는 것이다(Meggitt 1991, p.133, 강조는 저자).

이 문구에 진심으로 동의하는 바이며 나는 지금도 이와 같은 의견이다.

그러는 동안 1989년 캐나다는 재생산 기술에 대한 왕립 위원회를 설립했다. 퍼트리샤 베어드가 위원회장 자리를 맡았다. 2800만 불의 세금을 쓴 결과 위원회는 1993년 「주의하며 진행」이라는 보고서를 제출했다. 많은 페미니스트와 핀레이지 회원들이 노력했지만, 보고서는 폐지 아닌 규제를 권고했다. 여전히 상업적 대리모와 정자, 난자, 배아의 구매와 판매는 체외임신이나 성 감별과 마찬가지로 금지된 상태다. 하지만 1993년 의회에서 위원회의 결과를 기반으로 법안 초안을 마련할 무렵 의회가 해산되어 법안이 통과되지 않았다. 그 뒤로 체외수정 산업을 규제하려는 다양한 시도가 있었지만, 강력한 규제는 이루어진 적이 없다(Norris and Tiedeman 2011). 그럼에도 2017년, 상업적 대리모는 금지된 상태이나 '이타적' 대리모는 허용한다. 사실 캐나다는 해외 대리모를 물색하는 호주인들에게 매력적인 목적지다.

전 세계에서 페미니스트 컨퍼런스는 점점 더 많이 열리고 점점 더 많은 책이 나왔다. 예를 들어 1988년 캐나다 퀘벡에서 『실험실 모성 타파하기』가, 1989년 파리에서 『난소

권장량』이 발간되었다(Lesterpt and Doat 1989).

　　　핀레이지 회원들의 활동은 1989년 결실을 맺었다.
방글라데시에서 열렸던 회담은 코밀라 선언으로 유명해졌다.
한 주 뒤, 34개국 149명의 참가자가 농촌 지역에서 만났다.
회담은 핀레이지 회원이자 유비닉(UBINIG)의 사무처장인
파리다 아크테르가 개최했다.[18] 방글라데시를 개최지로
선정한 까닭은 서구 여성들이 보다 빈곤한 지역으로 가서
자매들을 만나 우리가 마주한 서로 같고 다른 문제들을
이해하고자 했기 때문이다. 핀레이지 정신은 체외수정이나
대리모와 같은 출생주의적 정책이나 해로운 피임기구, 성 감별,
불임수술 등을 통한 인구 통제와 같은 반출생주의 정책을
잇기에 필수적이었다. 이 회담에서 대리모는 논의되고 또한
거부되었다(Klein 2008, pp.160-162). 코밀라 선언의 28번째
단락은 다음과 같다.

> 우리는 (초)국가적 차원에서 벌어지는 여성, 난자, 배아,
> 인간 장기, 신체 일부, 세포, DNA 밀거래, 특히나 여성을
> 인간 인큐베이터로 착취하는 재생산 성매매를 목적으로
> 이루어지는 모든 종류의 인신매매를 규탄한다. 우리는
> 또한 '아기 농장'과 상업적 입양 및 대리모 중개소의
> 존재를 강력히 반대한다(Akhter et al. 1989, p.x).[19]

코밀라 회담은 세계 각국 출신의 여성들 간의 연대를 이어주고
우리를 보다 풍요롭고 더욱 결의에 찬 모습으로 돌아가게
해주었다. 우리는 비인간적인 기술을 막기 위해 무엇이라도

할 준비가 되어 있었다. 탈리도마이드를 복용한 어머니에게서 태어난 독일인 여성 테레지아 데게너는 회담에 모인 이들을 놀라게 했다. 팔이 없는 그는 어깨에 가방을 짊어지고 발가락을 사용해 포크로 음식을 먹었다. 이후 독일에서 법학 교수가 된 데게너는 핀레이지의 주요 격언을 몸소 실천한 사람이었다. 즉 모든 삶은 가치 있으며 산전 검사는 이로움보다 해로움을 더 많이 가져다준다는 것이다. 그는 말했다. "장애는 삶의 다른 방식이며 사회는 이러한 삶들이 더 잘 살아갈 수 있도록 충분한 자리와 장치를 마련해주어야 한다(Akhter et al. 1989, p.165)."

또 하나의 보너스는 아시아 국가에서 온 80명의 참가자였다. 필리핀, 일본, 인도, 인도네시아에서 온 이들은 '아시아 핀레이지 허브'를 설치해 1990년 핀레이지-유비닉 지역회의에서 다시 한 번 모였다.

이후 핀레이지 국제회의 "여성, 생식, 환경"은 1991년 9월 30일부터 10월 7일까지 브라질 리우데자네이루에서 열렸다. 국제 인구발전회담에서 열릴 1994년 NGO 포럼을 위한 준비모임이었던 셈이다. 회담은 이후 "인구 정책 관련 여성 범죄에 대한 국제 공청회"를 선보였다(Klein 2008, p.164). 그로부터 1년 전, 유비닉은 "'인구' 심포지엄에 대한 관점들"이라는 제목으로 인구 통제 정책에 대한 주요한 국제회의를 개최했다.

이 행사들 이후, 국제적으로 새로운 변화가 일어났다. 1996년 복제양 돌리 사건은 유전공학과 동물 혹은 인간의 삶을 생산하는 데 반대하는 비판론자에게 새로운 전선을 개척했다. 그다음 10년은 여성으로부터 구입하거나 '공여된' 난자 없이는

이루어질 수 없는 배아 줄기세포 연구의 법제화를 놓고 전
세계적인 토론이 일어났다. 앞서 2장에 언급했듯이, 2006년
페미니스트들은 '내 난소에서 손 떼'라는 국제 네트워크를 통해
여성이 난자 공여 절차에 참여했을 때 얻을 수 있는 심각한
위해를 언급했다. 2010년, 미국 생명윤리학과 문화 센터는
다큐멘터리 「난자 착취」를 제작해 연구 혹은 불임 부부에게
난자를 제공하기로 동의한 여성들이 암을 포함해 장단기적으로
겪는 건강 문제를 보여주었다. 해당 다큐멘터리에는 현행
조치에 비판적인 의료 전문가들의 의견도 등장한다.

　　　21세기 초반 10년간은 소위 제3세계라 불리는 인도나
다른 빈곤국이 저렴한 대리모 국가로 분류되어 급부상하는
시기였다. 그리고 전 세계적으로 아기 구입자들이 몰려드는
이 지역에 부유한 집단 하나가 새로 추가되었다. 바로
동성애자 남성들이다. 많은 국가가 여성과 아동에 대한 착취를
만들어내는 시장이 폭발적으로 확대되는 현상에 우려를 표하기
시작했다. 2011년 4월 5일, 유럽의회는 "여성 대상 폭력에
맞서기 위한 새로운 유럽연합 정책 프레임워크의 우선순위 및
개괄에 대한 결의"를 채택했다. 해당 결의 중 두 단락에 대리모
관련 내용이 포함되어 있다.

　　　20. 회원국으로 하여금 여성의 신체와 재생산 장기의
　　　착취를 포함하는 대리모라는 심각한 문제에 대해
　　　인지하도록 한다.
　　　21. 여성과 아동은 동일 형태의 착취 아래에 있으며
　　　이들이 국제 재생산 시장의 재화로 취급되고 있음을,

대리모와 같은 재생산 거래는 국경을 넘어 여성과 아동 인신매매와 불법 입양을 증대시킴을 강조한다.

2015년 12월 16일, 유럽의회는 2014년 인권 및 세계 민주주의 그리고 유럽연합 정책에 대한 연례 보고서에 대한 발의안을 채택했다. 해당 보고서에서 대리모는 다음과 같이 언급되어 있다.

> 114. 여성의 신체와 재생산 기능을 재화로 활용해 인간 존엄성을 훼손하는 대리모 행위를 규탄한다. 재정적 혹은 다른 이득을 위해서 인간 신체를 활용하는 재생산 착취를 수반하며 특히나 개발도상국가의 취약한 여성을 그 대상으로 하는 임신출산 대리모 행위는 금지되어야 하고 긴급한 인권 사안으로 다루어져야 한다.

유럽의회가 국경을 넘어 이루어지는 비인간적인 대리모를 멈추기 위해 보이는 리더십은 무척 멋지다. 5장에서 이야기했듯, 2015년 3월 23일 인간존중 연합(CoRP)의 주재하에 대부분의 유럽 여성 단체는 헤이그 국제사법회의에 대리모 폐지를 위한 국제협약을 요하는 강력한 문건을 보냈다(5장 117-120쪽 참조).

　　2016년 2월 1일, 유럽 여성 단체 가운데 몇 단체가 '대리모의 보편적 폐지를 위하여'라는 파리 컨퍼런스를 조직했다. 컨퍼런스 참여진에는 카이사 에키스 에크만, 줄리 빈델, 에바마리아 바힝거,[20] 실라 사라바난 등 프랑스 정치인과

유럽 페미니스트가 포함되어 있었다. 조직자들은 회담의
목표를 대리모의 보편적 폐지를 위한 활동이라 묘사하면서
목표를 달성하기 위한 세부 사항을 다음과 같이 제시했다.

> 온 유럽의 정치인, 페미니스트, 인권 운동가, 다양한
> 분야의 연구자가 한데 모여 인간의 기본권을 침해하는
> 대리모의 불공정한 조치를 조명하고 이에 맞서고자 한다.

회담은 대리모 폐지를 위한 국제협약에 서명하면서
마무리되었다.

유럽국가 내에서 이처럼 훌륭한 대리모 반대 행동이
일어나면서, 세계 각국에 자리한 대리모 비판론자들은 난자
'공여'와 대리모 모두를 중단하는 데 집중하는 새로운 국제
조직이 필요하다는 사실에 주목하게 되었다. 제니퍼 랄의
리더십과 근면 성실한 행보에 영감을 받아 2015년 5월 전 세계
500여 명의 여남이 모여 '지금 당장 대리모를 중단하라(Stop
Surrogacy Now, 이하 SSN)' 캠페인을 만들어냈다.[21]

2015년 5월 시작된 SSN은 전 세계적으로 8000명의
지지자를 모았다(Lahl, pers. com. 2017.7). 초기 서명자들은
핀레이지의 오랜 페미니스트 회원들과 1980년대 활동가들로
이루어져 있었지만 대리모, 대리모를 통해 태어난 아이들,
공여자들, 인권 운동가, 변호사, 의원, 정책 입안자, 퀴어 활동가,
학자, 저자, 저널리스트, 아동 인권 활동가, 입양 비판론자, 성
판매 생존자, 여성 폭력 단체 조직자 등도 함께 참여했다.

대체로 유럽발인 총 스물한 개 조직 역시 이에 서명했다.

그중에서는 스웨덴 여성 의사회, 유럽 여성 로비(벨기에),
에마(독일), 여성 생명의료연맹(호주), 핀레이지(호주),
스칸디나비아 인권 변호사, '지금이 아니면 언제
자유를(이탈리아)' '어머니를 중요하게(프랑스)' 등이 있었다.

더 많은 이가 전 지구적 대리모 산업에 대한 경각심을
높이고자 하는 우리의 노력에 함께하여 대리모 산업이 사라질
수 있기를 바라며, 아래 SSN의 성명을 공유한다. 현재 성명은
독일어, 영어, 스페인어, 프랑스어, 이탈리아어, 일본어,
노르웨이어, 스웨덴어로 마련되어 있다.

'지금 당장 대리모를 중단하라' 성명

우리는 다양한 인종, 종교, 문화, 사회경제적 배경을 가진 전
세계의 여성과 남성이다. 우리는 대리모 계약 임신을 통해서
착취당하는 여성과 아이에 대한 공유된 우려를 한목소리로 내기
위해 이 자리에 섰다.

우리 모두는 많은 이에게 모부가 되고자 하는 깊은 열망이
있음을 잘 알고 있다. 하지만 그 모든 열망에도 불구하고 한계는
존재한다. 인권은 그 한계가 무엇이어야 하는지 알려주는 중요한
척도다. 우리는 대리모 행위를 멈추어야 한다고 믿는다. 그것은
여성과 아이의 인권을 침해하는 행위이기 때문이다.

대리모는 가난한 여성에 대한 착취로 귀결된다. 많은 경우,
가난한 이들은 팔아야 하고 부유한 이들은 사들인다. 이

불공정한 거래는 적은 보수, 강요, 열악한 건강 관리, 대리모 임신을 하는 여성의 장단기적 건강에 대한 심각한 위협에 대해 고지하지 않거나, 충분히 고지하지 않는다.

대리모를 위한 의료 조치는 대리모, 난자를 파는 젊은 여성, 보조생식기술을 통해 태어난 아이들에 대한 위협을 수반한다. 여성이 겪는 위험은 난소과자극증후군, 만성 골반통, 낭종, 조기 완경, 난임 혹은 불임, 재생산 기관 관련 암, 혈전, 신장 질병, 뇌졸중, 심한 경우 사망을 포함한다. 다른 여성으로부터 난자를 받아 임신하는 여성은 전치태반이나 고혈압에 대한 유병률이 더 높게 나타난다.

보조생식기술을 통해 태어난 아이들 역시 건강상의 문제를 겪는다. 조산, 사산, 저체중, 태아 장애, 고혈압 등이다. 대리모 임신은 임신 중 발생하는 자연스러운 모성적 유대를 의도적으로 끊는다. 이 유대는 의료계 전문가들이 꾸준히 장려·촉진해온 것임에도 그렇다. 어머니와 아이의 생물학적 연결은 부정할 수 없이 긴밀하나, 이것을 의도적으로 끊었을 때의 영향은 모체와 태아 양자에게 오래도록 영향을 미친다. 대리모가 합법화된 국가에서 이 잠재적인 위해들은 제도화되어 있다.

우리는 상업적 대리모 조치가 아이를 구입하고 판매하는 행위와 불가분하다고 본다. 비상업적(비용을 치르지 않거나 '이타적'인) 대리모라 하더라도, 여성과 아이를 위와 같은 위험에 처하게 하는 모든 행위는 금지되어야 한다.

누구도 아이를 가질 권리를 갖고 있지 않다. 그들이 이성애자든 동성애자든 선택적 독신이든 관계없다.

우리는 세계 각국의 정부와 세계적인 공동체 리더들에게 이를

끝내기 위한 조처에 함께할 것을 호소한다. 지금 당장 대리모를
중단하라.

http://www.stopsurrogacynow.com

지난 2년 동안, SSN 대표자들은 미국 주에서 열리는 대리모 관련
공청회에 참여하고, 대리모들이 아이를 되찾고자 하는 법적
분쟁을 지지하고, 뉴욕, 로마, 마드리드에서 열린 중요한 회의를
조직하거나 이에 참여해왔다.[22]

　　SSN은 미국, 캐나다, 영국, 호주의 생모들과 긴밀히
접촉했다. 이들은 대리모(상업적 혹은 '이타적')를 통해서 심각한
해를 입었고, 재정적 부담을 안게 되었거나 아이를 돌려받고
싶어했다. 그들은 변호사나 고문을 원했지만 비영리기구인
미국 생명윤리와 문화 센터로서는 이들의 요구에 응하기가
쉽지 않았다. 하지만 생모들의 요구가 성 판매 생존자들의
요구와 비슷하다는 것만은 분명했다. 여성과 아이들은 이 전
지구적 착취 산업에서 심각하게 고통받고 있었다. 이들에 대한
수요는 상당했고 그리하여 그 수는 늘어났다.

　　SSN, 특히 제니퍼 랄은 호주 대리모 우호 로비 진영에
의해서 만들어진 '신화'를 폭로했다. 미국에서 대리모는 잘
규제되고 있으며 어떤 문제도 없다는 미국 체외수정 의사(특히
캘리포니아 지역의)를 방문했다. 다른 나라와 마찬가지로,
대리모와 난자 '공여자'의 건강은 심각한 영향을 받았고 이
영향은 때로 평생 동안 이어졌다.(이는 '매기 이야기'에
문서로 남아 있다. 매기는 난자 '공여' 이후 유방암을 얻었고

앞서 언급한 다큐멘터리 「난자 착취」와 「브리더」에도 비슷한
이야기가 나온다.) 최근의 다른 괴로운 사례는 아이다호에서
임신 말기 합병증으로 사망한 대리모 브룩 브라운이다. 그는
스페인 부부의 쌍둥이를 임신한 중에 사망했고 아이들도 숨을
거두었다. 캘리포니아의 대리모였던 멜리사 쿡은 그가 임신했던
세 태아 중 하나를 임신중단하기를 거절했다가 양육권 전쟁에
휘말렸다. 브리트니로즈 토레스 역시 세쌍둥이를 임신했지만
임신 합병증으로 몇 주 동안 입원을 해야 했다.

        물론 이 이야기들은 우리가 아는 것 중에서도 일부일
뿐이다. 우리는 법적 분쟁이나 의료 비용을 치르는 과정에서
아기 구입자들이 항상 대리모보다 많은 돈을 가지고 있다는 점을
기억해야 한다. 미국 내 체외수정 산업은 규제되지 않고 있고,
이 일에 대한 국가적 혹은 주별 통계는 마련되지 않은 상태다.
따라서 미국에서 대리모가 '잘 규제되어 있고' 어떤 문제도
없다는 말은 완전히 잘못된 설명이다.

        다시 SSN으로 돌아가서, 최근의 세 가지 캠페인을
간략히 소개하겠다.[23]

        첫째, 2017년 3월 14일, SSN은 국제연합 위원회의
일원으로서 '여성 신체 거래'라는 제목의 여성의 지위에
관한 워크숍을 열었다. 이 워크숍은 두 시간짜리로 이루어져
있었고 대리모로 태어난 젊은 여성인 제시카 컨의 발표를
포함했다. 컨은 자신을 '상품'이라 불렀다. 또 다른 발표자는
20세 때부터 프랑스 게이 커플을 위한 쌍둥이, 스페인 이성애
부부를 위한 쌍둥이를 낳는 일을 포함해 3건의 상업적 대리모를
거쳤던(프랑스와 스페인 모두 대리모는 불법이다) 켈리,

난자를 팔고 난소 과자극증후군으로 인한 뇌졸중 등 심각한
건강 문제를 겪은 카일리 등이었다. 카일리는 영구적인 시력
및 기억 문제와 난임을 겪게 되었다. 패널로는 『가디언』의
저널리스트이자 대리모 비판론자인 줄리 빈델, 윤리학 교수
재니스 레이먼드와 유럽 여성 로비의 정책 및 캠페인 국장
피에레트 파프 등이 있었다.

특히 계속해서 반복되는 기만과 착취로 점철된 켈리의
이야기는 제작 중인 제니퍼 랄의 새로운 다큐멘터리에 등장할
것이다.[24]

둘째, 2017년 3월 23일, 로마에서 열린 국제회의에서,
SSN의 원 서명자였던 페미니스트 집단인 '지금이 아니면
언제—자유를'이 여성에 대한 모든 형태의 처벌 근절에 대한
협약(CEDAW)에 대리모를 포함할 것을 국제연합과 인권조약부
등에 요청했다.

> 우리 서명자들은 여성에 대한 모든 형태의 처벌 근절에
> 대한 협약(CEDAW)이 인권 및 여성 존엄과 양립할 수
> 없는 대리모를 금지하도록 권고하는 절차를 만들도록
> 국제연합에 요청한다.

나아가 그들은 이렇게 말했다.

> 따라서 유럽연합은 대리모를 국제적 차원에서 금지하기
> 위한 조건을 필수적으로 만들어야 하며 CEDAW의 틀
> 안에서 대리모에 반대하는 권고안을 채택하는 일이

시급한 것으로 사료된다. 해당 권고안은 여성 할례
조치에 반대하기 위해 마련된 모델에 준할 수 있다. 이는
보편적인 폐지를 향한 가장 넓은 범위의 합의 도출을
목적으로 한다.

회의 때 읽은 결의안에서 서명인들은 다음을 지적했다.

우리는 '삶이라는 경이로운 선물'과 개인의 자유라는
수사의 함정에 빠지지 않고자 한다. 대리모는
사실상 희생과 유기를 만들어내며 어머니와 아이를
비인간화한다. 모부가 되고자 하는 열망은 여성의
신체에 통제를 가하고 그 결과로서 아이의 생명을 사적
재산으로 만드는 개인의 '소비자'로서의 권리로 이어질
수 없다.

국제연합이 이 요청에 어떻게 반응할지 지켜보는 일은
무척이나 흥미로울 것이다.

셋째, 2017년 4월 26일, SSN 캠페인 진행자들은 스페인
내 대리모 폐지를 요구하면서 「브리더」라는 다큐멘터리를
상영했다. 제니퍼 랄을 포함해 대리모였던 켈리 마르티네즈,
유럽 여성 로비의 피에레트 파프, 영국 기자 줄리 빈델, 영국
퀴어 진영 활동가 남성인 게리 파월 등으로 이루어진 이
집단은 스페인 의회에서 연설을 했고, 스페인 내에서 새롭게
꾸려져 대리모의 위해를 알리는 반 대리모 집단, '복부 임대에
반대하는 국가 네트워크'를 만났다. 켈리의 이야기는 이미 앞서

언급했지만 특히나 끔찍하다.

　　스페인인 의뢰자 부부는 대리모인 켈리가 모르게 XX염색체(여성) 배아와 XY염색체(남성) 배아를 주입하고자 돈을 더 지불했다. 그러나 여성 배아가 발달하지 않고 남성 배아가 쪼개지면서 대리모 켈리는 쌍둥이 형제를 임신하게 되었다. 아기 구입자들은 초음파를 통해서 이 결과를 알게 된 뒤 화를 냈다. 이들은 켈리를 너무나 나쁘게 대했고, 켈리의 스트레스 및 혈압 수준은 심각하게 올라 결국 병을 얻게 되었다. 의뢰자 부부가 제왕절개를 통해 아기들을 꺼낸 뒤 켈리는 태어난 아이들 소식을 전혀 듣지 못했다. 미국에서 이루어진 이 계약에는 의료비가 포함되어 있지 않았기에 치료비를 보상받지도 못했다. SSN 사이트에는 다음과 같이 쓰여 있다. "켈리의 이야기는 미국에서 예외적인 사례가 아니며 이는 대리모의 현실을 보여준다. 대리모란 여성을 그저 그릇으로, 아이를 상품으로 바라보는 소비자의 사고방식이 작동하는 산업이다."[25]

　　대리모에 반대하는 게이 남성으로서 SSN에 서명을 시작했던 영국의 게리 파월은 스페인의 다른 게이 남성 라울 솔리스를 만났다. 자신에게도 아이를 가질 권리가 당연하게 있다고 믿는 게이 남성의 숫자가 늘어나는 것을 규탄하는, "포궁 대여: 게피탈리즘(Gaypitalism)의 가장 잔혹한 얼굴"이라는 제목의 강력한 사설을 쓴 남성이었다. 이 사설에서 솔리스는 여성을 착취하는 게이들을 규탄하면서, 이 행위는 곧 동성애가 여전히 범죄이던 때에 게이 남성을 지지하던 레즈비언과 이성애자 페미니스트들에 대한 배반이라 비판했다. 해당

사설은 임신한 여성의 배 위에 바코드가 새겨진 강력한 삽화와
함께 실렸다.

솔리스와 파월의 입장은 격려되어 마땅하다. 대리모에
공적으로 반대하는 게이들이 다른 나라에서도 더 나와야 한다.
비판론자 가운데 이성애자들은 동성애 혐오자로 보이기가
두렵다는 이유로 대리모 산업에 강력한 로비를 하는 게이들에
대해 공개적으로 말하기를 꺼려하기 때문이다. 여성들을
대리모로 상품화하고 착취하는 이는 '게이' 혹은 '이성애자'
남성이 아니라 그저 남성이다.

내가 이 장에서 보여주려 했던 것처럼, 전 지구적
대리모 행위에 대해 이루어지는 저항은 과거에 강력했고
또 지금도 강력하다. 그러나 대리모 우호 진영의 힘은 가히
놀랄 만하다. 이들은 셀 수 없이 많은 돈을 축적하고 고객을
물색하는 비양심적인 생식 사업을 통해서 금권력을 확보하고
있으며 여성의 배(그리고 여기에서 곧 제거되어 나올 '상품')에
바코드를 새기는 신자유주의 시장경제 내부에서 작동하고
있다. 대리모 산업은 포르노그래피, 성매매, 스트립쇼를 비롯한
성 착취 산업에 이어 여성 대상 폭력의 최전선이라 할 수 있다.
이 포주들은 아이를 가지고자 하는 이들의 열망을 처음에는
필요로, 나중에는 권리로 바꾸어내는 이성애자 및 동성애자
아기 구입자들의 조력과 사주를 받는다. 페미니스트를 포함한
신자유주의자와 자유주의자들은 구제책이 규제에 있다는
잘못된 믿음을 갖는다.

나는 '지금 당장 대리모를 중단하라'와 전 세계의 다른
활동가 네트워크가 여성과 아동에 대한 이 비인간적인 폭력을

꺾어버릴 만큼 세를 키울 수 있기를 열렬히 희망한다.

　　이어지는 결론부에서는 여성을 위한 생식유전학의 '배경'을 살피며, 저항에 대한 여러 사유를 나누고자 한다.

"지금 당장
대리모를 중단하라."

지금 당장
대리모를 중단하라

결론

내가 이 책에서 다룬 이야기는 빙산의 일각밖에는 되지 않는다. 감정적으로 신체적으로 고통받는 생모 혹은 난자 '공여자'와 자신이 낳지 않은 아이를 받아 안고 자신이 완전한 실패자라고 느끼는 이성애자 부부 중 모든 여성 파트너, 대리모를 통해 '테이크아웃'되어 생모를 찾아 나서는 아이들과 관련된 수많은 이야기는 우리 귀에 결코 들려오지 않는다. 생모가 아이에 대한 양육권을 얻고자, 혹은 임신과 출산에 대한 대가를 치르지 않는 아기 구입자를 상대로 변제를 받고자 소송을 걸면, 어느 쪽이든 생모는 사건이 진행 중인 법정에서 알려지지 않은 압박과 끔찍한 상황을 계속해서 겪게 되고 변호사들은 제 배를 불린다. 입증 부담을 지는 쪽은 항상 생모나 난자 공여자다. 대리모 계약(심지어 '이타적' 대리모일 경우 계약 자체가 존재하지 않기도 한다)도 지구상에 존재하는 법도, 아기 구입자인 '예정 모부'의 편에 서기 때문이다.

우리는 대리모 이야기가 신자유주의적 자본주의 산업임을 절대로 잊지 말아야 한다. 이 산업은 나날이 커져가고 있으며 (큰)돈이 벌리는 한 이 산업 내에 '도덕'이나 '윤리'가 설 자리는 별로 없다. 국경을 맞대고 있는 모든 나라나 주가 새로운 타깃이 될 수 있다. 인터넷에 들어가보면 대리모 여행이 얼마나 간단하고 즐거우며 착한 대리모와 난자 공여자의 선한 의지로 가득 차 있는지를 알려주는 영상 클립을 쉽게 발견할 수 있을 것이다. 이는 물론 사업 전망이 좋은 고객층을 꾀어내어 휴일 패키지를 팔아온 체외수정 클리닉에서 시작된 것이다. "태국은 잊어라! 체외수정을 생각한다면 의료 관광의 중심 케언스로 오세요." 이는 2016년 호주 노스퀸즐랜드와 대보초에 위치한 한 체외수정 클리닉 프랜차이즈가 내건 문구였다.

     호주가 싫다면, 카이란 생식 서비스가 케냐와 우크라이나로의 여행을 제공한다. 냉동 배아가 있다면 그냥 케냐로 보내면 된다. 혹시 없다면, 카이란 생식 서비스가 아프리카인부터 코카서스인, 아시아인까지, 고를 수 있도록 다양한 난자 '공여자'를 준비해두었다.

     대리모가 아기를 판매하고 재생산과 결부된 성매매임을 확실히 하고 싶다면, 우크라이나 키예프에 있는 대리모 클리닉인 '라 비타 노바'의 웹사이트로 가보면 된다. 웹사이트에는 젊은 부부의 모습이 있다. 남성의 손에는 유로 다발이 들려 있고 한 여성이 그들에게 배를 드러내 보여준 채 서 있다. 우크라이나에 있는 많은 대리모 클리닉 가운데 다른 한 곳은 '바이오텍스컴'인데, 그 웹사이트는 "재생산 약을 이용한 불임치료의 선두를 달리는 센터 가운데 최고"임을 홍보하고 있다.(구글에서 '우크라이나 내 대리모'를 치면 0.32초 내에 21만 3000개의 검색 결과를 얻을 수 있다.)

     바이오텍스컴은 2017년 3월 11일 런던에서, 다음날 더블린에서 열린 회담인 '대리모를 통한 가족'의 광고와 사진을 걸어놓고 이 회사가 해당 행사를 통해 새로운 고객을 많이 얻었고 현재 트위터 팔로워 5000명을 자랑한다고 적어두었다.

     호주에 사는 우리는 샘 에버링엄을 책임자로 둔 '대리모를 통한 가족'이 어떻게 이런 해외 행사들을 통해서 매년 영리를 만들어낼 뿐 아니라 호주 내에서도 회담을 열어 발표자를 역으로 데려오며 전 세계적으로 대리모 클리닉과 연계된 패키지를 광고할 수 있는지 물어야만 한다. 앞서

이야기했듯이 호주에서 상업적 대리모는 금지되어 있기
때문이다(해당 법이 없는 북부 지역은 제외. 관련해서는
93-94쪽 참조). 퀸즐랜드, 뉴사우스웨일스, 호주 수도
특별지역에서 해외 원정 대리모는 징역형에 처할 수 있는 형법상
범죄다.

　　나는 앞서 언급한 것이 재생산 관광의 실체라고 보고,
'대리모를 통한 가족'과 같은 중간상들은 모든 새로운 법을 통해
금지해야 한다고 주장한다. 십여 차례 혹은 그 이상 체외수정에
실패하고도 여전히 '메이드 인 오스트레일리아' 혹은 해외에서
만들어진 '내 아이'를 갈망하는 이들의 희망을 부도덕적으로
쥐락펴락하는 이들이 바로 이 중간상들이다. '대리모를 통한
가족'은 그들의 고객에게 행복한 대리모와 난자 '공여자'를
제공한다. 여기에 대리모라는 문제의 핵심, 즉 이 계약이 다른
두 인간을 무척이나 끔찍한 방향으로 착취하는 결과로 이어질
가능성을 포함하며 실제로 그 일이 일어난다는 내용은 빠져
있다. 또한 물론 그들은 전 세계로부터 그들을 믿고 연락을
취하는 고객들을 중개해준 대가를 두둑하게 받는다.

　　최근 가장 화제가 되는 국가는 캄보디아다. 2016년
11월 20일, 호주의 전 간호사와 프놈펜의 대리모 클리닉인
'불임 솔루션'의 경영자 태미 데이비스찰스는 인신매매와
출생증명서 등의 고의 문서위조로 인해 체포되었다. 호주
언론은 데이비스찰스의 체포 건을 즉각적으로 다루었는데,
에버링엄은 이때 언론에서 해당 사건을 언급했다. 그는 불임
솔루션의 세부 실정에 대해서 무척이나 잘 알고 있는 것으로
보였다. 그는 호주 부부의 아이들 가운데 얼마나 많은 수가

신변이 불확실한 상태에 처해 있는지(대략 30~40명), 의뢰
모부가 얼마를 지불하는지(대략 미화 3만~4만 불)에 대해
언급할 뿐 아니라 "데이비스찰스는 그를 통해 대리모로 아이를
얻은 많은 이에게 큰 신뢰를 얻었다"고 지적하기도 했다.
또한 에버링엄은 많은 부부가 "이미 포궁 내 배아를 가지고
있다(강조는 저자)"고 함으로써 새로운 용어를 제공하기도
했다. 그는 데이비스찰스가 체포됨으로써 실로 가난한 크메르
여성들의 수입이 끊겨 그들의 포궁 달린 몸과 목숨이 난데없이
대혼란 가운데 던져졌음을 언급한 듯하다. 이때 질문은
'대리모를 통한 가족'이 어떻게 데이비스찰스의 사업과 관련된
내밀한 사항을 이토록 잘 알고 있느냐는 것이다. 에버링엄은
"그는 '법에 저촉하는' 행위를 용납하지 않으나 해당 진료소가
강제 폐소된다면 대리모로 아이를 얻고자 하는 많은 부부는 수만
달러와 아이를 얻을 기회를 잃을 수 있다"고 말했다(Barker
2016.11.21 ; Barker 2017.2.23). 나는 '대리모를 통한 가족'이
고객들에게 건네는 '조언'에 대해 공식적인 조사를 시행하여, 이
조언이 정말로 "대리모, 의뢰자, 대리모를 통해 만들어진 가족을
한자리에 모아 서로 연결망을 만들고 이야기를 나누며 대리모에
관한 정보를 주고받는 소비자 기반 비영리 단체" 활동의
일환인지를 살펴야 한다고 주장한다.

　　　2017년 '대리모를 통한 가족'은 6월 3일과 4일 양일간
연례적으로 실시하는 국제 행사를 개최했을 뿐만 아니라
10월에는 멜버른, 퍼스, 시드니, 브리즈번에서 당일치기 모임을
갖기도 했다. 비즈니스는 커지고 고객들은 충분한 실정이다. 그
사이인 8월 12일에는, 의회에서 모든 종류의 대리모를 금지하는

방안을 고려 중인 스웨덴 스톡홀름에서 모습을 비추기도
했다. 물론 새로운 목적지를 찾고자 하는 움직임도 항상 있다.
우크라이나와 캐나다는 차치하고, 올 10월에는 "대리모로
연결되기: 연민, 희망, 삶의 기적"이라는 이름으로 미국
오리건을 목표로 삼았고 이어 그리스 크레타, 차니아에서도
'지중해 생식 연구소'를 만들 예정이다. 그리스란 대리모와
멋진 휴가를 결합하기에 최적인 또 하나의 장소인 것이다.
그리스에서 대리모는 이타적 대리모의 경우만 허용되고, 게이나
독신 남성에게는 허용되지 않는다.

　　　여기서 그리스란 잠재적으로 거대하고 두려운 또 다른
문제를 불러낼 수 있다. 최근 몇 년간 유럽연합 가운데 빈곤한
회원국으로 꼽혔던 그리스는 높은 실업률과 더불어 이라크,
쿠르디스탄, 시리아, 터키와 같은 정치적 분쟁지로부터 난민
유입이 대규모로 이루어진 국가다. 우리는 독일과 같은 많은
국가에서 가난한 난민 여성이 성매매 업소로 '흡수'되었음을
알고 있다. 그렇다면 대부분의 유럽 국가가 모든 종류의
대리모를 금지함에도 불구하고, 그리스에서 곧 이들이 난자
'공여자'와 대리모로 고용되었다는 이야기를 듣게 될 것인가?

　　　어떤 부분에서 우리는 잠시 멈추어 생각을 해야 한다.
우리는 계속해서 들려오는 '전경'의 소식들에 파묻히다시피
했다. 슬픈 이야기는 매일 들려온다. 생모가 다치고, 죽고, 난자
공여자가 암에 걸리는 일이 항상 있기 때문에 다 따라갈 수가
없을 정도도. 좋은 이야기는 아주 가끔 들려올 뿐이다. 난자
'공여'와 대리모가 어떻게 발전하고 있는지 살피는 일은 무척
중요하고 '지금 당장 대리모를 중단하라' 캠페인을 진행하는

이들이 이를 무척 잘해나가고 있지만, 다른 한편으로 '배경'을
살피는 일도 필요하다. '여성을 착취하는 이 어지러운 이야기의
기저에 무엇이 존재하는가?'를 묻는 것이다.[1]

1980년대 전반에 초기 체외수정 기술이 확산될 무렵,
페미니스트들은 자주 묻곤 했다. 왜 이 기술이 발달하는
것인가? '전경' 버전으로 말하자면, 물론 불임이라는 고통을
경감하고 절박한 부부에게 아기를 안겨주고자 함이었다.
그러니 '왜'라는 질문에 대한 쉬운 답은 "국제적 생식 사업을
통해서 돈을 벌어들이고자 한다"(실제로 그렇게 되었다)는
것이기도 했다. 그러나 그 뒤편에는 재앙과도 같은 이유가 더
존재했고 지금도 존재한다.

이미 2장과 6장에서 언급했듯이, 새로운 재생산 기술은
실재하는 여성의 삶을 난자와 포궁으로 '조각낸다'. 여성에게
위험한 호르몬 약물 칵테일을 잔뜩 주입하고, 대리모를 수행하는
이들에게는 심리적 조종을 통해 유전적인 연결이 없는 아기를
임신하고 출산하는 일로는 어떤 애착도 생기지 않으며 따라서
대리모로서 임신한 아기는 그의 '진짜' 아이가 아니라는 말을
믿게끔 한다.

남성이 만들어낸 여성의 부분화 이데올로기는
시험관 여성을 만들어냈다. '신을 연기한다'는 발상은 여성에
대한 가부장적 지배를 6000년간 계속되게 해주었다.[2]
지배의 핵심적인 기제는 두 가지였는데 하나는 남성이
아이를 임신하고 출산할 수 없다는 점이고 또 하나는
사회계급으로서의 남성은 생식력이라는 힘을 가진 여성의 몸을
혐오한다는 점이다.[3] 반대로 재생산에 '실패'하는 여성들에게

가해지는 것은 경멸 그 자체였다. '조기 난소 부전' '해로운 점액' '포궁경관무력증'과 같은 용어를 떠올려보라. 출산의 과도한 의료화와 의사의 조언 없이는 아이를 낳을 수 없는 여성들이 늘어나는 현상을 생각해보라. '고령 임신부' '습관성 유산자'와 같은 모욕적인 용어를 숙고해보라. 불필요하게 일어나는 수천 건의 제왕절개도 함께.

    산파를 '위험'하다며 불법으로 만들거나 그 역할을 사소한 것으로 취급하고 보다 이전에는 산파이며 치료사였던 이들을 마녀로서 화형했던 것도 같은 맥락이다. 게다가 여성이 생식을 할 수 있다는 신호로서 달마다 피를 흘리는 행위는 혐오스러운 것 혹은 처벌의 증거가 되었다. 그 결과 어떤 지역에서는 여성에 대한 종교적인 배제가 이루어지고, 호주에서는 여성 위생용품에 10퍼센트의 부가가치세가 붙는다. 인구의 절반이 매달 필요로 하는 용품이 마치 '사치재'이기라도 한 것처럼 말이다. 유급 노동과 '커리어' 그리고 집에서 수행하는 무급 가사노동(남성은 가사노동의 절반을 나눠 하지 않는다)을 통해 어머니들에게 끊임없이 가해지는 처벌이란 지난 50년간 수많은 페미니스트 저서의 주제가 되었고 여전히 그다지 발전이 없다. 마찬가지로 생식 사업의 존재 이유이기도 한, 아이를 가질 수 없는 여성을 향한 계속되는 낙인화는 무척이나 저열하다.

    20세기는 생명을 재생산할 수 있는 여성의 힘을 줄이려는 일련의 노력으로 요약될 것이다. 이 노력은 결국 인공포궁이라는 궁극적인 목표를 향한다. 지나 코리아의 강력한 저서인 『엄마 기계』에는 1950년대부터 발달 중인

태아를 넣을 수 있는 인공관을 만들어내던 시도와 관련된 여러
사례가 담겨 있다(pp.250-259). 다음의 사례는 몇몇 과학자가
아이들을 어떤 '포궁'으로 만들지, 얼마나 만들지, 어떤 '품질'로
만들어낼지를 가부장제로써 통제하는 미래를 계속해서
꿈꾸었음을 나타내는 보다 최근의 사례를 담고 있다. 대규모
우생학이라 할 만하다.

　　　공리주의 철학자 피터 싱어(1980년대 대리모를 지지한
것으로 알려져 있다)는 늘 인공포궁에 우호적인 입장을 취했다.
그와 딘 웰스는 1984년 『재생산 혁명: 아이를 만드는 새로운
방법』에 인공포궁이 임신중단 발생을 줄일 것이라 적었다.
비자발적으로 임신을 하게 된 여성들은 이 인공포궁에 태아를
넣고, 태아가 다 자라나게 되면 불임 부부에게로 입양을 보낸다.
무척이나 간단하다. 이 주제는 쉬이 사라지지 않았다. 1995년,
호주에 사는 미국 자유주의 페미니스트이자 싱어의 신봉자였던
이는 그를 따라 「여성, 체외수정, 윤리 이론」을 썼다(Cannold
1995).

　　　2015년 자유주의 페미니스트 에비 켄들이 책 한 권을
통째로 이 주제에 할애했다는 사실은 좀 놀랍다.(그러나
놀라서는 안 되는 일이기도 하다.) 그의 저서 제목은 『국가
지원 체외수정에 대한 평등한 기회』(2015)였다. 에비
켄들은 인공포궁이 체내에서 임신과 출산을 감당하는
불공평한 부담—남성과 나눠 질 수 없는—으로부터 여성을
해방시켜주리라고 보았다. 하지만 아이가 체외의 인공
컨테이너 속으로 옮겨진다면 이 '불공평한' 부담은 사라지는가?
내가 아는 한 이 기술이 '인류'에 '영광'을 가져다주리라고

생각하는 가장 화려한 몽상가들조차 아이들이 인공포궁에서
나온 즉시 학교에 갈 준비를 마친다고는 생각하지 않는 것
같은데 말이다.

　　그리하여 연구는 계속되었다. 1988년, 카를로 불레티와
그 동료들은 미국 저널 『생식과 불임』에서 '인공 관류 포궁을
이용한 초기 시험관 임신'이라는 체외임신의 첫 번째 사례를
보고한다(Bulletti et al., 1988, pp.991-996). 이때 포궁은
플라스틱 용기가 아니라 포궁절제술을 받은 암환자에게서
적출한 뒤 '여분의' 체외수정 배아를 주입한 진짜 포궁이었다.
이 포궁은 태반을 본떠 배아에 산소와 영양소, 호르몬을
공급하고 노폐물을 제거하여 초기 임신과 같은 환경을 만드는
소위 관류기계에 연결된다. 불레티 등은 배아가 52시간까지
'정상적으로' 발달했다고 보고했다. 해당 실험은 볼로냐대학의
산부인과 재생산의학 팀에서 이루어졌고, 연구자들은
윤리위원회의 승인을 받았다.[4]

　　이 보고서는 전 세계적인 공분을 불러 일으켰고
불레티는 대학에서 자리를 잃었지만 인공포궁에 대한 연구를
계속했다. 2011년 마찬가지로 이탈리아에서, 이번에는
카톨리카의 체르베시 일반병원 재생산 생리병리학 팀으로서
그는 이탈리아인, 프랑스인 동료들과 함께 『뉴욕 과학 학술
연보』에 '인공포궁'이라는 리뷰 논문을 발표했다(Bulletti et al.
2011, pp.124-128).

　　예상했듯, '전경'에서 불레티는 인공포궁—여기서
이들은 진짜 여성의 포궁이 아닌 인공 용기를 언급했다—이
조산아를 살리는 데 유용할 수 있다고 이야기했다. 그러나

이들은 다음과 같이 쓰기도 했다. "그러나 인공포궁이
정교해지면 모체 외부에서 태아의 발달을 지속시키거나
만들어낼 수도 있을 것이다(p.125, 강조는 저자)" 체외임신의
꿈이 살아나는 순간이다.

1996년, 도쿄대학 의학부 산부인과 구와바라
요시노리와 그의 팀은 120일 된 새끼염소를 제왕절개를 통해서
모체로부터 분리했다.(120일은 염소의 전체 임신 기간 가운데
4분의 3에 해당한다.) 이후 양수가 들어 있는 고무 포궁으로
새끼염소를 옮겼다. 인공포궁이 너무 크고 염소가 너무 많이
움직였기 때문에 연구자들은 안정제를 투여했다. 새끼염소는
인공 용기에서 '태어난' 뒤로 한 달 정도 더 살았으나, 안정제의
부작용으로 계속해서 고통받고 스스로 서거나 숨 쉴 수
없었다. 그러나 이 잔인한 '성취'에 대해서 펜실베이니아대학의
생명윤리센터장 아서 L. 캐플런은 흥분이 가득한 코멘트를
남겼다. "60년 뒤 우리는 완전한 인공포궁을 보게 될 것이다.
이는 기술적으로 불가피한 결과다. 수요를 예측하기에는
어렵지만 분명 유의미하게 존재할 것으로 본다(Klass 1996)."

그렇다면 2056년, 인공포궁은 대리모를 능가할까?
인터넷(이 그때에도 있다면)을 통해서 준비된 모델들이
조립형 상품으로 배송되어 전 세계 (부유) 가정에 도착할
것인가? 나는 아서 캐플런의 흥분을 공유할 수 없다. 내
관점으로는 임신한 여성의 신체, 두뇌, 심장박동과 숨(영혼을
말하는 것이 아니다)은 관으로 연결된 용기보다 더 많은 것을
제공한다.(그리고 나는 인간 태반의 흥미로운 비밀들이 다
밝혀졌다고 보지 않는다.)

　　그러나 체외임신에 대해 계속되는 연구와 캐플런과
같이 존경받는 생명윤리학자에 의해 표현된 이 같은 관점들은
여전히 인공포궁을 꺼리는 마음을 갖고 있는 대중을 향해
부드럽게 접근 통로를 내고 있다. 또한 이러한 의견들은 현재
실재하는 '대리모 여성들의 포궁을 통해 벌어지는 일들'을
정상화한다. 플라스틱 용기로 태아를 만들어낼 수 있다는데
대리모가 대수겠는가?

　　어미 양이 과학을 위한 번제물이 되는 광경을 목격하기
까지도 우리는 이미 20년을 기다렸다. '바이오백'의 발명으로
여섯 마리의 새끼양(발생 후 120~125일)이 나머지 '임신'
기간을 봉투 안에서 보내게 된 것이다.(봉투에 들어가지 않은
새끼양들은 패혈증으로 혹은 제왕절개 과정에서 죽었으며
어미양은 제왕절개 이후 살해되었다.) 한 마리는 일 년 넘게
정상적인 생활을 하는 것으로 보였고 그때 연구는 대중에게
공개되었다(『Nature Communications』 17.4.25). 이때 미국
필라델피아 연구소 아동병원 소속 연구자들은 이들의 성취를
'극도로 조산인 양을 생리적으로 지원하기 위한 포궁 외 체계'를
마련했다는 말로 조심스럽게 발표했다. 이들은 자신들의 연구
목표가 임신 24주 조산아를 살리기 위함이며 인간 태아에 대한
최초의 시도는 2년 안에 이루어질 것이라 말했다.[5]

　　미 식품의약국이 연구자 파트리지 팀을 통한 신속 심사
연구를 진행한 만큼 우리는 봉투 속에서 태아들이 자라나는
세계로부터 다음 '신나는' 소식이 들려올 때까지 20년씩이나
기다릴 필요가 없을 듯하다. 과학의 발전을 위해 1980년대부터
'공여된' '잉여' 체외수정 배아 수백, 수천 개를 이용한,

아직 대중에게 공개되지 않은 연구가 전 세계 실험실에서
이루어지고 있음을 잊어서는 안 된다. 그리고 체외수정을
거치는 모든 여성은 자신도 모르게 형편없는 체외수정률을
높이기 위한 명목에 동참한다. 추가 옵션인 실험적 '보조
부화술' '배아 글루' '테스토스테론 트리트먼트', DHEA 보조제
등에 동의함으로써 말이다.[6]

　　　여성이 임신을 하기 전부터 거치게 되는 유전 검사는
아동 1만 명 중 1명에게 발생해 심한 경우 조기 사망에 이르게
하는 미토콘드리아 질병과 같은 병들을 더 많이 밝혀냈다. 이
질병을 진단받으면 아이를 가지고자 하는 이들에게 산전 유전
검사를 동반한 체외수정은 피할 수 없는 것이 된다. 2016년
12월 영국 인간생식배아관리국(HFEA)은 '세 인간의 아기'에게
미토콘드리아 대체 요법을 통한 치료 활용 허가를 내렸다.
해당 요법에서 결점이 있는 미토콘드리아를 가진 여성의
난세포는 '공여자'의 난자에 있는 건강한 미토콘드리아로
대체된다.(엄격히 말하면 이 아이는 두 여자와 한 남자의
아이다.) 이 기술은 미래의 아이의 모든 체세포에 영향을
미치고 그 아이가 자라 낳을 아이에게 유전되기 때문에 논란을
불러 일으켰다. 이 요법은 안전한지는커녕 효과가 있는지도
확실히 알려지지 않았다. 해당 요법을 통해 태어난 멕시코 아이
한 명이 있으나 아직 이 요법의 효과를 증명할 만큼 충분히
자라지 않았다(2016.12.15 출생). 아이의 학습 장애와 지적
장애를 야기하는 취약 X 증후군이나 파킨슨병 역시 유전자
검사에서 발견되면 산전 유전 검사를 동반한 체외수정을
거쳐야 한다.

하루라도 희귀 유전 질병이나 이로 인한 참을 수 없는
고통을 호소하는 장면을 보지 않고 지나가는 날이 없다.
임신을 고려하는 여성들은 계속해서 또 다른 (값비싼) 산전
검사를 권고받는다. 만일 그들이 '나쁜' 유전자를 가지고 있는
것으로 판명난다면, 체외수정을 해야 한다. 이와 같은 경향은
결과적으로 공포를 개발하고 착취한다. 임신 중의 검사뿐
아니라 사전적 의료 개입 없이 임신을 하면 건강한 아이를
낳을 수 없다는 가정이 생기는 것이다(Klein 2018). 이런
공포 마케팅은 사람들로 하여금 대부분의 질병이나 사고가
출생 이후에 벌어진다는 사실을 깜빡 잊도록 만든다. 삶에서
모든 것을 예측해 검사로 걸러낼 수는 없는 법이라는 사실도
마찬가지다. 이런 경향은 장애를 가지고 살아가는 이들의 삶을
더 어렵게 만든다. 그들의 존재는 그 자체로 비난받아야 하는
요인이 된다.("왜 검사에서 '이런 게' 안 걸렸어?")

　　하지만 생식 유전학의 세계는 계속해서 새로운
도구를 발명해내고 앞으로 나아가면서 언제나 돈을 벌고
있다. 전형적인 '전경'을 살피자면 1980년대부터 유전요법이
논의되고 적용되기 시작했다. 그리고 2017년 우리는 여전히
과학자들이 끔찍한 유전적 질병을 제거하는 데 가까워졌다는
이야기를 듣고 있다. 낭포성 섬유증은 1980년대의 핵심적인
타깃이었다. 이 질병은 오늘날에도 여전히 그 자리를 유지하고
있으며 그 곁에는 헌팅턴 병과 알츠하이머가 나란히 존재한다.
그리고 지난 10년 동안, 새로운 유전 공학 기술은 무척이나
유명해졌다. 유전자 편집 도구인 크리스퍼 캐스9[7]은 유전자를
자르고 붙일 수 있다. 달리 말하자면 이는 동식물 혹은 인간의

단일 유전자 혹은 전반적인 유전자 배열을 가위질로 자르고
이어 붙일 수 있는 신속하고 저렴한 기술이다.[8]

　　크리스퍼가 인간 생식 계열 치료(다음 세대로 이어지는
난자, 정자, 초기 배아의 유전자 교환)에 쓰일 수 있기 때문에,
2015년 12월 1일에서 3일 열린 인간 유전편집에 대한 국제
정상회담에서는 인간 생식 계열 편집에 대한 주의를 촉구하는
성명을 발표했다. 모든 세포를 불완전하고 부정확하게
편집했을 때 나타날 수 있는 알려지지 않은 위험이 있기
때문이었다. 성명에는 다음과 같은 내용이 포함된다.

　　　　유해한 효과를 예측하기 어렵고 (⋯) 유전자 변형이
　　　　인간에게 도입되고 나면 제거하기가 어려워진다.
　　　　영구적인 유전적 '향상'의 가능성은 사회적인 불평등을
　　　　야기하거나 강제적으로 쓰일 수 있다(Olson 2015, p. 9).

시카고 로욜라대학의 힐레 헤이커라는 단 한 명의 참가자만이
"국제연합을 통해서 생식 목적의 생식 계열 편집에 대한
국제적 차원의 금지 조치"가 내려지기까지 2년의 유예기간을
요청했다(p.5). 안타깝게도 이 요청은 기각되었고 생식 계열
유전요법은 29개 국가에서 어떤 경우에도 금지되는 범죄
행위지만 이 29개 국가에 미국은 포함되지 않는다.

　　아니나 다를까, 2017년 7월 29일 다음과 같은
헤드라인이 등장했다. "최초로 인간 배아 유전자 편집에
성공하다." 실리콘밸리의 카네기멜런 공학대학 교수 비벡
와드와는 미국 오리건 보건과학대학에서 진행된 한미 합작

연구를 언급했다. 131개의 인간 배아 유전자는 크리스퍼
캐스9을 통해 편집되었다. 목표는 젊은 나이대의 성인들에게서
갑작스러운 사망을 야기할 수 있는 유전병인 비후성심근증을
제거하는 것이었다. 체외수정 세포질내 정자 주입술을 통해
해당 질병을 안고 있는 남성의 정자를 건강한 '공여자'의
난자에 주입하여 만들어낸 인간 배아 가운데 88퍼센트는
4~8세포기까지 성공적으로 살아남았으나 12퍼센트는 그렇지
못했다.

　　　88퍼센트라는 성공률은 완벽한 결과라고는 볼 수
없지만, 중국에서 (2015년과 2016년에) 배아 편집을 통해
얻어냈던 결과보다는 더 '나은' 것으로 드러났다. 와드와는
"크리스퍼의 매력은 위험을 촉구하는 목소리를 뛰어넘을
것이다"라고 적었다(2017.7.29). 그는 염려의 말도 덧붙였다.
"합성생물학을 전공하는 전 나사(NASA) 연구원은 자신이 만든
온라인 쇼핑몰에서 기능적 박테리아 공학 크리스퍼 키트를
150불에 판매하고 있다. 대형 약국 프랜차이즈에서 가정용
유전공학 크리스퍼 키트를 판매하는 날을 상상하기도 어렵지
않다.

　　　이와 같은 발상은 유전요법이 시작되던 1980년대부터
대두된 초기의 우려를 상기하게 한다. 1987년, 저명한 분자
생물학자이자 유대인 홀로코스트 생존자인 어윈 샤가프는
『네이처』지에 시험관 아기와 유전공학의 도래에 대해서
우려를 표했다(「Engineering a Molecular Nightmare」). 그는
이렇게 썼다. "이 기술을 향한 수요는 새로이 개발한 기술을
시험하고자 하는 과학자들의 압도적인 욕망보다 덜하다.

실험용 아기는 부산물 이상이었다." 그는 "금니 대신 가치 있는 효소와 호르몬이 추출되는 분자 아우슈비츠"를 예견하며 "우리는 이미 산업적 번식 공장을 통한 인간 농업의 시작을 보고 있다"고 말했다. 30년이 지난 지금은 여기에 크리스퍼라는 최신 생식 계열에 대한 걱정까지 더해진 상황이다.

크리스퍼 배아 유전 편집이라는 세계적인 경주가 펼쳐졌음은 말할 것도 없다. 우리는 연구팀이 국제적으로 경쟁하고, 이전의 수천여 가지 '구식' 유전요법과 같이 줄기세포 연구와 복제 기업들이 다시금 활성화되면서 최신 기술의 선봉으로 물밀듯 밀려드는 모습을 본다. 오리건 연구팀의 두 저자는 자신들이 한국 기업인 툴젠(김진수, 1999 설립)과 슈흐라트 미탈리포프가 2013년 세운 오리건의 미토게놈 치료소 주주이자 공동 창립자임을 밝혔다.(미탈리포프는 세 모부 아이의 '아버지'이며 지식재산권 소유주로서 신임을 얻었다.)

유전요법 실험을 향한 1990년대의 흥분이 1999년 18세 제시 겔싱어가 사망하며 돌연 중단되던 흐름을 크리스퍼가 따라가게 될지는 오직 시간만이 말해줄 것이다.[9]

혹은 이번에는 새로운 크리스퍼 기술이 '성공'을 가져다줄지도 모른다. 부유한 이들이 구입할 수 있는 유전적으로 '향상된' 유전자 개량 어린이들이 나올 수도 있다. 한편으로는 유전자 편집 기술의 '실수'로 인해 수없이 많은 새로운 질병이 생겨날 수도 있다. 다른 살아 있는 유기체나 환경이 만들어낼 수 있는 상호작용을 통해서 일어나는 유전자 변형으로 인해 해로운 효과가 예견되는 문제들도 있을 수 있다. 우리는 몇 십 년간 동식물 유전자 변형 기술이 이와

같은 문제로 인해 만들어낸 '유전자 룰렛'과 많은 실패를 이미
보았다(Hawthorne 2002, pp.242-248과 Robin 2010, pp.149-
152 참조).

　　어떤 경우든, 크리스퍼가 인간 생식 계열 세포와 초기
배아를 편집하는 잠재적인 역할을 성취한다면 건강한 난세포를
생산하기 위해 수천 명의 젊은 여성이 동원되어 위험한 난자
성숙과 채취 과정을 거치게 될 것이다. 이와 같은 과정은 이미
2장에 묘사했다(34쪽). 초기 배아가 가위질을 통해 편집되고
나면, '신을 연기하는' 세계의 과학자들은 실재하는 여성들에게
이를 주입하여 그들이 만들어낸 '능력 향상' 신생아들이
무엇인지 보여주려 할 것이다.(물론, 인간 바이오백이
정교화되지 않았다면 말이다.[10])

　　1980년대에 안드레아 드워킨과 지나 코리아가 소위
대리모들이 제3세계의 '재생산 매음굴'에 가두어질 것이라고
예견했을 때, 사람들은 이들을 비웃었고 이들이 공포 마케팅을
한다고 비판했다. 그러나 이들의 예견은 현실이 되었다.
크리스퍼가 초기 유전요법 기술처럼 실패로 판명나지 않는 한,
이것이 규제되지 않는 국가의 빈곤한 여성들에게 밀어닥칠
파도를 어떻게 막을 수 있을 것인가.

　　크리스퍼는 우리를 다시 난자 '공여자'와 대리모 이야기로
데려온다. 나는 이 새로운 기술 발전의 '배경'을 살피는 일이
무척 중요하다고 믿는다. 만일 크리스퍼 열풍이 계속된다면,
수천 개의 건강한 인간 난자가 필요해질 것이고 이 말은 난자
공여자들이 해를 입으리라는 것을 의미한다. 이와 유사하게,
'배경'과 '전경' 모두에서 등장하는 희귀한 유전적 질병의 치솟는

발병률은 체외수정을 거치고, 난자 성숙 및 수집과 산전 유전
검사를 하는 여성들을 증가시킬 것이다. 임신이 실패하면 다음
단계는 대리모다. 대리모 여성의 수는 늘어나고, 이들이 거쳐야
하는 검사는 산전 유전 검사를 포함해 더 늘어난다.

그렇다면 무엇을 할 수 있을까? 가장 우선적으로
나는 대리모가 수반하는 문제와 위험을 진지하게 논할 전
세계적인 장이 만들어져야 한다고 믿는다. 순진하다고 말할
수도 있겠지만 나는 자신과 유전적으로 연결된 아이를 열렬히
바라는 많은 사람이, 존엄한 인간으로서 대리모에 관여되는
여성과 아이의 인권을 고의로 침해하고 싶어하지는 않을
것이라고 계속해서 고집스럽게 믿는다.

우리는 대리모 우호 진영, 체외수정 클리닉과 미디어가
살포하는 행복하고 고양된 이야기들을 부수고 나아가야
한다. 게이 남성이 두 여성을 착취하여 '자기' 아이를 가질
'권리'가 있다고 주장하는 방식이 게이 남성을 지지하는 방안이
아님을 이해해야 한다. 영국의 게리 파월과 스페인의 라울
솔리스와 같이 대리모에 반대한다고 말하는 게이 남성을 더
찾아야 한다. 호주에서 대리모를 가장 적극적으로 지지하는 두
명은 공개적으로 커밍아웃한 게이들이다. 우리는 앞장서서
퀴어 커뮤니티에 대리모와 관련된 근본적인 문제를 알리고
이 커뮤니티가 대리모를 지지하거나 필요로 하지 않는
레즈비언으로 쪼개져 나오지 않게 할 게이 남성을 찾아야 한다.

많은 게이 남성과 생식 문제를 가진 많은 이성애자
남성 역시 좋은 양육자가 될 수 있지만, 위탁 양육이나 영구
돌봄을 할 수도 있다.(이 둘은 입양보다 아이에게 좋다고

알려진 선택지다. Mackieson 2015) 혹은 보다 간단하게, 친구나 자매형제의 아이와 정기적으로 시간을 보내고 힘든 일과 '즐거운' 일을 모두 견디며 이들에게 헌신하는 방법도 있다. 아이를 돌보는 일을 전문으로 하는 직업도 많이 있다. 아이를 위한 열망이 아이와 시간을 보내는 <u>즐거움인지</u>, 그것을 소유, 즉 아이를 구입해서(혹은 적어도 간청해서) <u>갖고자 함인지</u> 스스로에게 물어야 한다.

대리모를 '멋진' 것으로 보아서는 안 된다. 소위 성 구매자를 범죄화하는 노르딕 법안이 있는 나라에서 성 구매를 비윤리적으로 인식하게 된 것과 마찬가지다. 우리는 1980년대와 1990년대에 '아이 없는' 삶이 결코 이류이거나 이기적인 삶이 아님을, 많은 보상이 뒤따르며 이것이 그가 아이를 '혐오'하거나 그의 삶에 아이가 없음을 의미하지 않음을 이야기했었다. 그와 비슷한 국면을 다시 불러와야 한다. 그러기 위해서는 '양육자'로서의 여성, '생계부양자'로서의 남성의 '역할'에 대한 오래된 편견을 부수어야 한다.

서구 국가의 중산층 혹은 빈곤국의 엘리트들이 출생주의적 이데올로기를 견지하고 있음을 잊어서는 안 된다. 이 모성 중심성은 생식 문제를 가진 사회와 여성을 '비정상' 혹은 '결함 있는' 것으로 간주했다. 이러한 실패의 감각이 체외수정 클리닉을 붐비게 만드는 것이다. '아이가 곧 행복'이라는 광고를 통해 유입된 여성들은 수없이 돌아가는 체외수정이라는 값비싼 러닝머신 위를 끊임없이 뛴다. 주류 인종이 아니거나 토착민 여성, 빈곤층, 혹은 서구 국가에서 장애를 가지고 살아가거나 가난한 나라의 비엘리트 시민이라면

체외수정은 당신과 상관없는 문제가 된다. 대신 당신은
출생주의와 반대되는 '임신 예방'이라는 주사, 호르몬 칵테일,
체내삽입 기구를 접하게 될 것이다. 대리모와 관련해서도
나는 한 번도 가난한 여성이 '구매자'로 등장하는 모습을 보지
못했다. 그는 언제나 모든 문제와 위험을 떠안은 '판매자'다.
    대리모라는 산업 내부에서 일어나는 일의 신화화를
해체하는 일과는 별개로, 호주와 같은 국가에서도 '최선의'
'이타적' 대리모를 위한 법 모델을 고안해야 할 시점이라고
생각한다. '규제'가 최선의 방안이라는 발상을 재고하기
위해서다. 그렇지 않다면 5장에서 말했듯, 규제는 대리모에 대해
'적법한' 유일의 방안으로 여겨질 것이다. 그래서는 여성이 신체
부위로 환원되는 부분화를 강고하게 유지한 채 이에 내재된
잔학성에 대처하는 분열적 기제를 강화할 뿐이다. 어떤 규제도
법을 따르려 하지 않는 이들에 의해서 전복될 수 없음을 우리는
이해해야 한다. 정부는 공공교육 캠페인에 재정을 지원해
대리모가 무엇인지 그 뿌리를 알려야 한다. 뿌리란, 이것이
대리모, 난자 '공여자', 그로부터 태어난 아이를 상품화하고
착취하는 비윤리적 행위라는 것이다.
    가장 중요한 것은 우리가 어깨를 으쓱하면서
"그래, 대리모는 존재하지. 그러니 규제를 해서 윤리적으로
만들자"라고 말해서는 안 된다는 것이다. 대리모 산업을
통해 해를 입는 여성과 아이는 더 나은 대우를 받아야 한다.
페미니스트를 포함한 신자유주의자들은 현존하는 유엔 협약과
국제협약을 거의 다 어기는 대리모 산업을 계속해서 지지해도
좋을지 진지하게 고민해보아야 할 것이다. 게다가 우리는

지지하고 힘을 모을 수 있는 환상적인 모델을 이미 가지고 있다.
바로 대리모 폐지를 위한 국제협약이다(117-120쪽 참조).

나는 전 세계에 우리와 한마음인 이가 많다는
것을 알고 있다. 그들의 정의감에 호소하며 당장 '판매용'
아이를 만들어내는 이 비인간적인 거래를 멈추기를 바란다.
천문학적인 규모의 가부장제 자본주의 산업은 언제나 여성을
계급과 인종에 따라서 착취할 준비가 되어 있다. 산업 내부에서
작동하는 우생학적인 논리가 장애를 가지고 살아가는 이들의
이익에 위배됨은 물론이다. 빈곤한 여성들은 더욱 더 심하게
착취당한다.

이 책의 전반에 걸쳐서 강조했다시피, 대리모 산업
전체에 온갖 문제가 온갖 영역에서 너무나 깊숙이 뿌리박고
있다. 때문에 사회 정의에 대한 인식을 가지고 있는 이가 이를
지지할 수 있다는 것이 이해하기 어려울 따름이다.

우리의 '지금 당장 대리모를 중단하라' 캠페인에 동참해주실
것을 요청한다.

들어가며

1 "인도, 외국인 게이 커플에 한해 대리모 금지"(18 January 2013) http:// www. telegraph.co.uk/news/worldnews/ asia/india/9811222/India-bans-gay-foreign-couples-from-surrogacy.html "인도 대리모 제한 이후 외국인 커플 진퇴양난"(16 November 2015) https://www.wsj. com/articles/foreign-couples-in-limbo-after-india-restricts-surrogacy-services-1447698601

2 "캄보디아 대리모 단속에서 호주 간호사 태미 데이비스찰스 체포돼"(20 November 2016) http://www.smh. com.au/world/australian-nurse-tammy-charles-caught-up-in-cambodian-surrogacy-crackdown-20161120-gstd23.html

3 http://www.abc.net.au/news/2014-08-21/van-whichelen-what-chance-for-international-surrogacy-laws/5683746

4 '책임 있는 대리모' 사이트는 그저 현행 규제를 말한다. 규제에 대한 비판은 5장을 참조하라. http://www. r-surrogacy.org/en

1장

1 체외수정의 '선구자' 로버트 윈스턴과 로버트 에드워즈는 오늘날 '보조 생식'에 사용되는 호르몬제가 난자의 최소 50~70퍼센트에 염색체 손상을 야기한다고 경고하고 있다(Winston 2006 Marsh 인용). 이 인정은 생식 관련 약물의 투약 증대를 옹호한 지 몇 십 년 만에 일어난 놀라운 결과다.(래디컬 페미니스트 연구는 이미 1980년대에 증거를 찾아낸 바 있다. Klein/Rowland 1988) 로버트 윈스턴의 2007년 호주 방문 당시, 「ABC」 채널 '7:30 뉴스'(2007년 7월 12일)에서 그는 체외수정 혹은 대리모를 고려하는 이들에게 이를 다시 생각해 보게끔 만드는, 15~20퍼센트밖에 되지 않는 체외수정 성공률의 실제적 수치를 언급했다. 또한 체외수정을 통해 태어난 아이들의 건강 문제를 염려했다.

2 2015년 호주의 '이타적' 대리모 Renee Gollard가 2015년 3월 8일 멜버른에서 상연한 제인 카파렐라의 연극 「e-베이비(e-Baby)」 이후 패널 토론에서 한 말이다.

3 출생증명서는 출생 직후 발급되거나 혹은 호주 빅토리아 주 같은 지역에서는 의뢰인 모부가 혈통 대체 명령 소송을 통해서 신청하게 된다. https://www.bdm.vic.gov.au/ births/donor-conceived-births/surrogacy와 https:// www.varta.org.au/information-support/surrogacy/commissioning-

parents/surrogacy-australia/legal-
side-surrogacy 참조.

4   http://www.swissinfo.ch/eng/surrogate-
law_a-child-is-not-a-commodity—
says-top-swiss-court/41575816

2장

1   당연하게도 다른 가족 구성원 역시 해를
입을 수 있다. 예를 들어 대리모의
파트너, 아이, 대리모에 반대하거나
'자연적으로' 아이를 낳을 수 없다는
이유로 비난을 퍼붓는 의뢰인
모부의 가족들.

2   웹사이트 www.lupronvictimshub/
lawsuits.html 는 루프론 제조사에
대한 소송 목록을 게시하고 있다.
이 사이트는 해당 약물을 투여한
뒤 스스로에게 나타났던 부작용을
글로 썼던, 전 간호사 Lynne
Millican이 만들었다. 그는 미국에서
일어난 해당 소송의 첫 번째
원고가 2011년의 Karin Klein이라
말한다(https://impactethics.
ca/2014/05/02/hidden-clinical-
trial-data-about-lupron).
루프론은 '키 큰 소녀들'이나
트랜스젠더 아동들에게 투여되는
호르몬제였다. 해당 약물은 뼈
건강에 심각한 영향을 주며, 20대
여성들에게는 디스크 질환과 뼈를
얇게 하는 증상을 유발시켰다.
이는 긴급한 주의를 요하는 커다란
문제다(Jewett 2017.2.2 참조).

3   해당 연구의 대표 연구자는
런던칼리지대학교의 Alastair
Sutcliffe였다. 그의 논문은 다음을
참조하라. http://www.fertstert.org/
article/S0015-0282(15)00614-
7/fulltext

4   Julia Derek의 『연속적 난자 기증자의
고백』(2004)은 통찰력 넘치면서도
심기 불편한 독서 경험을 안겨준다.
금발의 아름다운 스웨덴 학생은
미국에서 공부하며 등록금을
내기 어려운 상황에서 난자를
'공여'하기로 한다. 무척 아프고
목숨을 위협하는 질병 때문에
입원을 했음에도 그는 몸이
완전히 상할 때까지 난자를 총
열두 번 채취한다. 그의 책은
돈이라는 환상과 난자 '공여자'의
건강보다 자신의 이익을 앞세우는
중개자들의 비열함을 잘 드러낸다.

5   2015년, 생명윤리와 문화센터는 「매기
이야기」라는 후속 다큐멘터리를
제작했다. 이 다큐멘터리는 난자를
10개 이상 채취한 매기가 끝내
유방암으로 숨을 거두는 슬픈
이야기를 담고 있다. 대리모에 대한
다른 훌륭한 다큐멘터리로 「브리더:
여성의 하위 계층?」(2014)가
있다. 다음을 참조하라. http://
breeders.cbc-network.org

6   대리모를 포함한 새 생식 기술이
1980년대 페미니스트들의 연구
주제가 되었을 때, '선택'과 사전
동의에 대한 글이 넘쳐났다. 이

주제에 대한 훌륭한 저작으로는 1992년 호주 로빈 롤런드의 『살아 있는 실험실』, 1993년과 1995년 미국 재니스 레이먼드의 『포궁으로서의 여성』이 있다. 독일어권 국가에서는 페미니스트 사회학자인 마리아 미스가 1988년 『자기 결정: 유토피아의 종말?』(Bradish et al.)을 출간했다. 프랑크푸르트에서 그는 유전자와 재생산 기술에 반대하는 여성 2000여 명 앞에서 '자기 결정' 혹은 '선택'이라는 용어를 계속 사용하는 것이 무의미하다는 내용으로 전율이 이는 연설을 했다. 이 두 단어는 여성의 임신중단권에 대한 요구 이후에 나온 잔여물이었다. 그가 지적했듯, 유전자와 재생산 기술은 우리 여성의 신체를 파편화된 '물체'로 환원하여 이를 국가, 체외수정 클리닉, 대리모 중개인, 거대 제약회사 등의 외부인이 통제할 수 있는 것으로 만든다. 여기에 '자기 결정'이란 더 이상 설 자리가 없다. '타자-결정'이 있을 뿐이다. 게다가 미스는 소위 제3세계에서 여성을 위한 '자기 결정'이란 둘 다 마찬가지로 여성의 생식력을 제한하고 그들에게 위해를 끼치는 녹색 알약과 분홍 알약 가운데 하나를 고르는 일일 뿐이라고 말했다.

7   전 세계적으로 일어난 '내 난소에서 손 떼' 캠페인은 2006년 프로초이스와 프로라이프 진영의 영국인, 캐나다인, 미국인 페미니스트 세 명으로 이루어진 집단에서 출발하여 전 세계적으로 수천 명의 서명인을 불러 모았다. 몇 년 동안 운동이 확산된 뒤, 안타깝게도 미국 프로초이스 진영의 자유주의자 페미니스트들이 프로라이프 페미니스트(이들은 배아가 아닌 여성에게만 초점을 맞추었음을 강조하며 언급한다)와 연대하는 것의 위험부담이 너무 크다고 판단하면서 흐름이 꺾였다. 이는 미국 자유주의자 페미니스트들의 엄격성에 대해서 많은 것을 말해주는 후회스러운 결정이었다. 여러 면에서 '내 난소에서 손 떼'는 2015년 만들어진 '지금 당장 대리모를 중단하라'의 선구자였다(6장 164-172쪽 참조).

8   2006년 인간 복제 및 인간 배아 규제 조사 수정법안(호주연방정부, 2006년)은 여성보다도 동물에 대한 안전장치 연구를 지지하며 투표한 의원 한 명 덕에 결국 통과되었다. 그러나 레슬리 캐널드는 난자 '공여' 절차를 수혈에 비교하면서 다음과 같이 말했다. "다른 모든 의료 조치와 같이 이 절차 역시 위험을 수반한다(Cannold 2006)."

9   이는 Jennifer Schneider와 동료들이 2017년 '온라인 재생산 생명의료'에 발간한 내용이다. 난자 공여 이후 부작용인 유방암 발병률이 높아졌다는 문헌을 검토하던 동안 그들은 모순된 연구를 발견해낸다. 어떤 연구로부터는 높은 유방암

및 난소암을 발견했으나 다른 연구에서는 그렇지 않았던 것이다. 이들은 유방암 환자 사례 다섯 건을 추가하기는 했지만 난자 채취(이는 젊은 여성들 가운데 늘어나는, 차후 사용할 목적으로 난세포를 냉동하는 이들이 거치는 절차이기도 하다)를 위해서 난소 자극을 고려하는 모두에게, 연구가 되어 있지 않으므로 장기적인 부작용에 대한 인과관계가 정확히 성립하지는 않는다는 메시지를 반복적으로 전파했다.

10 "아기에서 어머니로의 세포 이동"(Gavin S Dawe et al. 2007)에서, 저자들은 어떻게 임신 기간 동안 태반을 통해 적은 양의 세포가 이동하는지 그리고 어떻게 "이 교환이 태아에서 모체로 일어나는 동시에 모체에서 태아로도 일어나는지" 기술하고 있다.

11 출생 이전의 삶, 이제는 '태아 프로그래밍' 혹은 '질병의 기원'이라고 불리는 이 시기는 점점 더 자주 연구되고 있다. 예를 들어, Thin Vo와 Daniel B Hardy(2012)의 "성인 질병의 태아 프로그래밍의 기저에 존재하는 분자 메커니즘" 참조(http://www.ncbi.nlm.nih.gov/pmc/articles/PMC3421023). 이에 대해 쓰는 일은 얼마나 많은 대리모에 대해 가해질 수 있는 통제의 길이 얼마나 다양한 갈래로 뻗어 있는가를 생각하게 한다. 예를

들어 모차르트나 스트라빈스키를 좋아하는 의뢰인 부부는 하루에 두 시간씩 자신이 좋아하는 작곡가의 음악을 듣는 내용을 계약에 포함할 수도 있는 것이다! 식이에 대해서는 알코올, 소금, 설탕에서 시작해 다른 금지 음식들을 추가할 수도 있다. 그러나 어떻게 스트레스를 완전히 금지할 수 있을 것인가?

12 "당신은 어머니 혹은 아버지 중 누구와 더 많은 유전자를 공유합니까?" http://theconversation.com/do-you-share-more-genes-with-your-mother-or-your-father-50076?utm_medium=email&utm_campaign=The+Weekend+Conversation+-+3848&utm_content=The+Weekend+Conversation+-+3848+CID_61a7cc1a201fc294d7e8dd96475391da&utm_source=campaign_monitor&utm_term=Do%20you%20share%20more%20genes%20with%20your%20mother%20or%20your%20father

13 아유르베다 전통식 출산에 대해서 미국 아시아학 교수 Martha Selby는 여성의 내면화된 지식이 어떻게 산스크리트 문서와 통합되는지에 대해 썼다. 이때 두 가지 경합하는 힘은 여성이 제공하는 피와 남성이 제공하는 씨였다. 산스크리트 전통은 고대 그리스 의학과는 다르게 "병이나 항아리 같은 포궁이 아니라 여성 자체다. 여성의 포궁뿐 아니라 여성의 전체다"라고

명시한다(Selby 2005, p.262).

14 최근 출산한 내 친구는 자신의 태반을 컬러 사진으로 찍어 보냈다. 이 자리에 그 사진을 붙여 넣을 수 있다면 좋았을 것이다. 왜냐하면 바로 이 태반이 어머니와 자라나는 아이를 연결하는 가지 같은 혈관이 모인 '나무'와도 같았기 때문이다. 내가 아는 한 수트케이스에는 성장을 가능케 할 만한 선이 마련되어 있지 않다.

15 아리스토텔레스는 실제로 여성을 기형이라고 보았다. 여성은 남성이 발달하다가 잘못되었을 경우 나타나는 이상과도 같았다(Garr 2012, p.159).

16 포스트모더니즘은 1980~1990년대 아카데미아에서 무척이나 유행이었다. 시대의 철학이 된 포스트모더니즘은 많은 사회 문제를 설명하(지 않으)려 나타났다. 포스트모더니적 사고에 따르면 어떤 것도 실재하지 않으며, 진실이란 없고, 존재의 상태를 설명하기 위해서는 복수의 주관성이 관여한다. 이러한 사고는 세계가 점점 더 극명히 보이는 해리 상태에 책임이 있다. 기후 변화를 부인하는 이들이라거나 전쟁의 필요성을 말하거나 성 판매를 '선택'했다고 설명하는 이들이나 군중의 의료화 등이 이와 같다. Somer Brodribb의 훌륭한 글 『무엇도 중요하지

않다』(1992)를 보라. 나는 『급진적으로 말하건대』(Bell and Klein 1996)에서 포스트모던적 사고를 강력히 비판한 바 있다. 이 책은 포스트모더니즘에 대한 급진 페미니스트 비평을 담고 있다.

17 2015년 11월, 『세계 산부인과 저널(World Journal of Obstetrics and Gynecology)』은 캘리포니아 대리모 임신에 대한 중요한 논문을 발표했다(Nicolau et al. 2015). 저자들은 "대리모 임신은 더 많은 임신과 출산이라는 결과를 낳았는데, 이는 다둥이 출산율 증가와 병원의 도덕적 해이를 낳았다(p.2)"고 적었다.

3장

1 줄리아 길라드의 연설은 2015년 발간된 페니 매키슨의 책 『입양이라는 기만: 개인적이고 직업적인 여정』의 부록 1에 포함되어 있다(pp.151-159).

2 대리모에 대한 뉴스에서 또 다른 잘못된 표기가 등장하고 있다. 바로 '대리자녀'다. 대리모 계약을 통해 태어난 아이는 무엇도 '대리'하지 않는다. 그는 우리 모두처럼 실재하는 인물이다.

3 http://nypost.com/2014/06/16/children-of-surrogacy-campaign-to-outlaw-the-practice

4 브라이언은 분노할 줄 아는 젊은이다. 그의 블로그는 단연코 읽을 가치가 있다. http://sonofasurrogate.tripod.com

5 인도 안살대학교 법과대학 교수인 Sanoj Rajan이 말했듯, 대리모를 통해 태어난 장애 아동이 겪는 문제는 예정된 모부가 이들을 데려가지 않으려 하기 때문에 '무국적' 상태에 놓이는 문제와 결부된다. 예시는 http://www.institutesi.org/worldsstateless17.pdf 참조.

6 "태국 대리모 아기 가미, 호주인 모부와 접촉해" 7 August 2014 http://www.bbc.com/news/world-asia-28686114

7 2017년 6월 29일 「ABC」의 7:30 뉴스에서 가미—이제는 그래미라 불린다—는 행복한 세 살배기로 유치원에 잘 다니고 있었다. 그러나 그의 어머니는 호주 기부자들이 마련한 신탁 기금, 24만 불의 유효기간이 앞으로 2년 정도밖에 남지 않았음을 우려한다.

8 '지금 당장 대리모를 중단하라(SSN)'는 2015년 5월 시작된 전 세계적 캠페인이다. 영감을 불어넣는 SSN의 활동에 대한 더 많은 정보는 6장에서 확인하라. http://www.stopsurrogacynow.com

9 호주의 '탱글드 웹'이라는 조직은 1960~1970년대 활동한 강력한 로비 그룹으로, 익명으로 남아 있는 정자 기증자들이 자신과 연결된 자식들을 만날 수 있는 기회를 주고자 하는 활동을 했다. 정자 기증자 아버지를 찾으려 했던 Lauren Burns의 이야기는 다음 참조. http://www.abc.net.au/austory/content/2014/s4065081.htm

10 스웨덴 저자인 카이사 에키스 에크만은 『존재를 팝니다: 성매매, 대리모, 분열된 자아』라는 통찰 어린 저서에서 계속해서 이 질문을 던진다(2013, pp.144-147).

4장

1 이 책의 인쇄 시점인 2017년 7월, 호주 정부가 정부 조사에 따라 발간된 2016년의 보고서 「대리모는 중요하다」에 답하지 않음으로써 상업적 대리모는 여전히 금지된 상태로 남아 있다. 이 조사에 대한 더 자세한 정보는 5장 참조.

2 「ABC」의 프로그램 '포 코너스'에서는 2014년 9월 22일 '메이드 인 타일랜드'라는 제목의 에피소드를 방영했다. 이 문제가 안고 있는 윤리적인 딜레마가 담겨 있다. http://www.abc.net.au/4corners/stories/2014/09/22/4090232.htm

3 샘 에버링엄이 인도에서 처음 시도했던 대리모는 아들 쌍둥이를 유산하는

것으로 끝났다. 둘 중 한 아이는 출산 시에는 살았지만 몇 주 뒤에 숨을 거두었다. 다음에는 한 아이라도 확실히 살리겠다는 생각으로 에버링엄과 파트너는 두 명의 인도 대리모를 고용해 두 남성의 정자를 각각 사용한 여러 개의 배아를 두 여성의 체내에 이식한다. 배아가 너무 많이 발달되었기 때문에 두 남성은 '태아 감소술'에 동의한다. 한 저널리스트는 이 경험이 에버링엄과 그의 파트너에게 "더한 트라우마"를 안겼다고 썼다(Medew 2013). 그런데 임신한 두 여성의 '트라우마'는 어디로 갔는가? 2011년 '태아 감소술' 이후, 두 명의 건강한 여아가 출산되었다.

4 나는 2014년 5월 24~25일 멜버른에서 개최되었던 제3차 '대리모를 통한 가족' 회담에 참여했다. 해당 회담은 "다시 시작된 세계 최대의 예정 모부와 대리모를 위한 이벤트"라는 광고를 내걸었다. 호주, 미 캘리포니아와 인도의 8개 체외수정 클리닉, 호주의 6개 법률회사, 미국, 태국, 멕시코와 동유럽의 소위 대리모 '촉진자'와 중개소, 대리모를 이용해 모부가 된 이들과 아이들이 즐비한 행사였다. 젊고 건강한 대리모와 난자 '공여자', 아름다운 '삶의 나무' 로고가 보였다. 내부에서는 아기 구입자들을 위한 비공개 포럼이 열렸다. 즐겁고 흥분된 공기가 감돌았다. '아기를 위한 여행이 이제

시작됩니다'와 같은 느낌이었다. 비판은 허용되지 않았다. 한 학자가 인도 대리모에 대한 몇 가지 문제를 감히 언급하자 (심지어 학자는 자신이 대리모를 얼마나 전격적으로 지지하는지 여러 번 말했다) 객석의 한 남성으로부터 그가 한 말이 전부 어리석고 잘못되었다는 무례한 비난을 받았다. 점심 휴식 시간에 그를 찾아보려고 했으나 그는 아마 도망갔을 것이다. 이틀 뒤, 나는 이들이 제공하는 잠재력에 사로잡혔다. "제3차 호주 소비자 컨퍼런스 핸드북"(강조는 저자)을 비롯한 수많은 화려한 브로슈어 그리고 한 줌의 세련된 펜이 내가 이 이벤트를 오랫동안 잊지 못할 것임을 확신케 해주었다. 함께 참석한 친구는 "석면을 헤엄쳐 다니다 온 것 같아"라고 감상을 전했다. 친구와는 그것을 털어내기 위해 찬물 샤워를 하는 대신 함께 술을 한잔 했다.

5 트랜스젠더 여성(MTF) 활동가들은 영국 국영건강보험(NHS)에 '여성'으로 태어난 소년에게 '포궁 이식'을 하는 데 드는 비용을 보험 처리할 것을 요구했다. 페미니스트 활동가이자 영국의 저널리스트인 줄리 빈델은 이러한 요구를 "'실제' 여성이 무엇인가를 구성하는 데 대한 비틀린 개념"이라고 일컬었다(2017.7.3., 『Deccan Chronicle』). 오늘날 포궁이 없는 '여성'들에게 포궁을 이식해 태어나는 아이들은 주로

스웨덴에서 태어나며 이들의 수는 극소수에 지나지 않는다. 남성의 신체에 포궁을 이식하고 그것이 제대로 작동하기를 기대하는 것은 생물학적 여성이 할 수 있는 일에 대한 전형적인 가부장적 환원을 반영한다.

6 Bernadette Tobin은 2015년 4월 20일 이미 『디에이지』에 상업적·이타적 대리모에 대해 비슷한 회의를 표한 바 있다. 2015년 5월 전 지구적 '지금 당장 대리모를 중단하라' 캠페인의 시작을 알리면서, 나 역시 「ABC」 뉴스의 종교와 윤리 난에 "대리모는 윤리적일 수 있는가?"라는 같은 질문을 던졌다. 나는 "이 잔인한 산업의 실상을 파헤치라는 요청에 대하여" 대리모가 "아이를 인신매매하고, 재생산 노예를 만들어내고, 생모와 그 자식 모두의 인권을 침해하는 행위"라고 답했다(Klein 2015.5.18).

7 암리타 판데는 상업적 대리모를 허용하는 얼마 되지 않는 나라(미국 워싱턴 외 8개 주, 우크라이나, 러시아, 조지아)만을 대충 살핀 듯하다. 다른 말로 하자면, 대리모를 금지하는 법안은 예외가 아니라 일반이다.

8 판데는 '유럽중심주의'라는 용어를 사용하여 1980년대 안드레아 드워킨, 지나 코리아, 바버라 카츠 로스먼 등이 미래에 대해서 예견한 바—생모들이 제3세계의 '재생산 매음굴'에 갇히게 되리라는 것—를 기각하고자 한다. 6장 127쪽과 결론 193쪽에서 암리타 판데가 좋아하든 아니든 현실로 다가온 이 경고에 대한 더 자세한 정보를 확인하라.

9 책의 인쇄 시점까지 2016년 법안은 인도 정부에 의해서 아직 시행되지 않았다. 그러는 동안 하이데라바드와 같은 도심에서 가난한 여성 대상의 착취는 지속된다. 『Telangana Today』가 보고했듯(Gopal 2017.6.19), 정부 보건 조사자들은 법안의 긴급한 시행을 촉구하는 중이다. 법안의 한계를 인지하고 있으나 실라 사라바난과 모한 라오는 모두 인도 정부의 상업적 대리모 금지 조처를 환영하는 실정이다(2016).

10 인도 '이타적' 대리모 옹호자들은 법안의 차별적 성질을 지적하고 나섰다. 인도의 게이 남성이나 독신자, 사실혼 관계의 커플에 대해 대리모를 금지했기 때문이다. 비자 신청 시 자신의 나라에서 상업적 대리모가 합법이라는(대부분의 사법 관할구역에서 이는 금지되어 있다) 증명서를 포함하기가 불가능하고 2015년부터 외국인에 대해서 대리모가 사실상 금지되어 있는 실정이므로 2016년 법안은 인도 시민들끼리 논의할 일이다. 인도에서 저렴한 대리모를 이용하는 외국인 가운데 가장 큰 규모를 차지하는 집단은 미국 8개 주(그리고 워싱턴)에서 결혼한

미국인 이성애자 부부일 것이다.

11 리포니아, 코네티컷, 델라웨어,
메인, 뉴햄프셔, 네바다, 오리건,
로드아일랜드는 워싱턴D.C 외에
미국에서 상업적 대리모를 허용하는
주다. 미국 내 대리모 법에 대해서는
http://www.creativefamilyconnection
s.com/us-surrogacy-law-map 참조.

12 성 구매자 법안이 1999년 스웨덴에
도입된 지 17년이 지나자, 젊은
남성들 사이에서 성 구매는 더 이상
'쿨'한 일이 아니라 '루저'들이나
하는 일이 되었다(Ekman, pers.com.
2014). 유전자 대조 덕에 성 구매자
법안은 살인, 강간, 계획적 범죄
가운데 미결 사건을 해결하는 데
도움을 주기도 했다.

13 몇 달간 하루도 쉬지 않고 행하는
노동으로 내가 떠올릴 수
있는 다른 종류의 노동이란
우주비행사뿐이다. 하지만 내가
아는 한 어떤 우주비행사도 아이를
임신해 출산한 뒤 다른 이에게 주어
버리라는 요구를 받은 적이 없다.

14 나는 일로서의 대리모를 지지하는
이들이 자신의 논점을 1986년
출판된 마리아 미스의 중요한 저서
『가부장제와 자본주의』로부터
끌어온다는 것을 알게 되었다.
미스가 이야기한 것은 (Marilyn
Waring이 1988년 『Counting
for Nothing』에서 이야기한
것과 유사하게) 절대로 국가

GNP에 포함되지 않는, 여성이
집안에서 행하는 (재)생산 노동의
비가시성과 착취에 대한 것이었다.
미스가 '일로서의 대리모 입장'을
지지하리라고 보는 것은 일종의
지적 부정직이다. 핀레이지 초기
구성원인 마리아 미스는 1980년대
중반부터 자본주의 상품화의 한
형태로서 대리모를 포함한 재생산
기술을 강력히 비판했다. 일례로
"왜 우리가 이 모든 것을 필요로
하는가? 유전 공학과 재생산 기술에
대항하는 요구"(1985)를 보라.

15 IONA 검사의 광고 비디오 "안전하고,
빠르고, 정확한"을 보라. http://
www.premaitha.com/the-iona-
test 또한 영감을 불러일으키는
멀린다 탱커드 라이스트의 2006년
작 『저항적인 출산: 의료적
우생학에 저항하는 여성들』을 보라.
이 서사집은 산전 검사를 통해
경고를 받았음에도 임신을 지속한
여성들의 이야기를 담고 있다.

16 핀레이지는 대리모를 포함한 재생산
기술이 동전의 한쪽 면일 뿐임을
강조쳤다. 그 뒷면에는 인구 통제
조치(불임, 장기용 피임기구 및
프랑스제 자가 임신중단 약약
RU486/프로스타글랜딘 등, Klein et
al. 1991, 2013)를 통한 '바람직하지
않은', 가난한 여성들에 대한
무자비한 탄압이 존재한다. 코밀라
선언(1989)이 이를 정교히 다룬다.

5장

1 『악마의 숭배자: 테러리즘의 뿌리』(1989/2001)라는 탁월한 저서를 발간한 미국의 작가이자 세계 여성 해방 활동가인 로빈 모건은 다음과 같이 간결하게 말한다. "가부장제의 특질을 하나만 말하라면, 아마도 부분화일 것이다. 부분화는 불연속을 제도화하는 능력이다(p.51)."

2 「구글 베이비」에서, 이스라엘 출신의 '기업가'는 자신을 '임신 생산자'라고 소개한다. '임신 생산자'란 "고객에게 비용 면에서 효과적인 해답을 내어 놓는다. 더 낮은 가격에 임신을 가능하게 할 방편이란 인도 대리모를 통한 임신 외주다. 고객들은 컴퓨터를 통해 유전 정보를 결정한다. 난자와 정자는 온라인으로 구매되고, 복수의 배아가 생산되고, 냉동되고, 인도로 우편 배송된 뒤 인도 현지 여성인 대리모의 포궁으로 이식된다. 고객들은 9달 동안의 임신이 끝난 뒤 아이를 데리러 온다." 「구글 베이비」와 「메이드 인 인디아」의 트레일러 긴 버전은 '지금 당장 대리모를 중단하라' 사이트에서 찾아볼 수 있다. http://www.stopsurrogacynow.com/films/#sthash.PH66vBS.dpbs

3 엄밀히 옳은 정보는 아니다. 북부 주에는 대리모에 관한 어떤 법도 마련되어 있지 않다. 그러나 혈통 명령에 대한 조항도 마련되어 있지 않기는 마찬가지다. 다른 말로 하면, 생모(와 만일 있다면, 그의 파트너)는 출생증명서에 모부로 올라 있다. 이러한 이유로 내가 알기로 이 지역에서 대리모는 시도되지 않았다.

4 이 과정의 일방향성 때문에 나는 「라운드테이블에 대한 고찰」을 적어 모든 위원회 구성원에게 보냈다. 이 글에는 위원회가 대리모에 대한 보다 비판적인 시각을 채택하여, 규제 일변도로 이 문제를 바라보며 조사에 착수하지 않기를 바라는 마음이 담겨 있다(Klein 2015a).

5 의견서 목록은 다음에서 확인할 수 있다. http://www.aph.gov.au/Parliamentary_Business/Committees/House/Social_Policy_and_Legal_Affairs/Inquiry_into_surrogacy/Submissions

6 2017년 5월 4일 「대리모는 중요하다」 조사 보고서는 다음 참조. http://www.aph.gov.auParliamentary_Business/Committees/House/Social_Policy_and_Legal_Affairs/Inquiry_into_surrogacy/Report

7 놀랍게도 '모든 형태의 여성 차별 철폐 협약'(CEDAW)은 호주가 비준국이라는 사실에도 불구하고 이 목록에서 빠져 있다. 6장

169-170쪽, '지금 당장 대리모를 중단하라' 캠페인의 일부로서 이탈리아 비정부기구가 국제 연합에 CEDAW 내에 대리모를 포함하라는 내용으로 제출한 의견서 참조.

8 혈통 문제는 헤이그 국제사법회의 상설사무국 혈통/대리모 전문가 집단에 의하여 면밀히 조사되고 있다.

9 Schapelle Corby는 대마초 밀수로 징역 12년형을 살았다(http://www.abc.net.au/news/2017-05-28/schapelle-corby-arrives-in-australia/8566052). 마약 밀매상인 Andrew Chan과 Myuran Sukumaran은 2015년 인도네시아에서 특수반을 쐈다는 이유로 선처 요구에도 불구하고 처형당했다(http://www.abc.net.au/news/2015-04-29/andrew-chan-and-myuran-sukumaran-executed/6426654)

10 빅토리아 보조 생식치료 기구(VARTA)는 2008년 보조 생식 기술 법안을 감독했다. 납세자가 마련한 재정으로 준비된 법안이었으므로 해당 법안의 성격은 '대리모를 통한 가족'의 연례 회담 공동 기획자나 기여자, 스폰서로 기능하는 대신에 객관적이고 중립적인 성격을 띠어야 했다.

11 2017년 6월 멜버른 컨퍼런스를 광고하면서, '대리모를 통한 가족'은 2015년 멕시코 타바스코 주가 대리모를 금지한 이후 여전히 해외 대리모를 허용하는 주가 어디인지 조명하고자 했다. 우리는 '로스앤젤레스 대리모'가 캘리포니아 대리모를 선별하고 고용하나 동시에 난자와 정자를 통한 배아의 생성 및 이식은 칸쿤에서 일어난다는 사실을 알게 되었다. 여성들은 캘리포니아로 돌아온 뒤 임신과 출산을 감행한다. 다른 선택지로는 캘리포니아에서 출산하는 멕시코인 대리모를 고용하는 '대리모를 기다리기', 플로리다에 거점을 두고 모든 절차가 멕시코에서 이루어지는 '기적의 대리모'가 있다. 이 기본 '패키지'는 대략 미화 6만6350불에 해당한다(2017년 4월 28일 '대리모를 통한 가족' 광고 메일에서 발췌).

12 대리모 조사 의견서 17번에서, 소니아 앨런은 대리모에 대한 국가 법안을 자세히 조망한다. http://www.aph.gov.au/Parliamentary_Business/Committees/House/Social_Policy_and_Legal_Affairs/Inquiry_into_surrogacy/Submissions

13 2016년 6월 19일, 스톡홀름 국제연합은 『Olika vägar till föräldraskap』의 모든 권고 사항을 지지하고 로스베리와

의회 위원회 구성원들을 스웨덴 내 모든 종류의 대리모 금지 요구 과정에 합류시킨다(http://www.stopsurrogacynow.com/updates-from-sweden-and-minnesota-usa/#sthash.VoF4LVCb.dpbs). 그러나 이 책이 마무리될 무렵까지 스웨덴 정부는 여전히 이 보고서에 투표하지 않은 상태다(Ekman, pers.com, 2017.7).

14   핀레이지 의견서 70번은 다음 링크 참조. http://www.aph.gov.au/Parliamentary_Business/Committees/House/Social_Policy_and_Legal_Affairs/Inquiry_into_surrogacy/Submissions

15   미국 내에서 '훌륭하게' 규제된 대리모 산업에 대한 신화는 6장 167-168쪽에서 다뤘다. 호주 독자에게 흥미로울 내용은 캐시 슬론이 남긴 다음 코멘트다. "비미국인 참가자로는 호주의 가장 저명한 대리모 변호사인 스티븐 페이지가 있다(Sloan 2017.4.24)."

16   그러나 아기 구입자들이 이득을 취할 만한 방법은 어디에나 있다. 2016년 12월 18일, 스티븐 페이지는 흥미로운 소식을 전했다. "처음으로 호주 가정법원이 미국 대리모를 등록하는 결정을 내렸다. 호주에서 내려진 이 결정의 의미는 모든 목적의 미국 대리모 계약이 호주 내에서 효력을 가지며 이를 통해 태어난 아이의 모부는 호주에서 아이의 모부로 인정된다는 뜻이다." 차후 미국 몇 개 주는 출생 전 혈통 명령은 대리모보다 '아기 구입자'를 모부로 인정한다고 설명했다. "이는 예를 들자면 호주 여권법과 같은 조항에 따라, 아동에 대한 양육 책임을 지는 쪽은 대리모가 아닌 모부다. 따라서 아동의 새 호주 여권을 만드는 데 대리모의 동의는 요구되지 않을 것이다(강조는 저자)." 이는 생모가 호주 영사관/대사관에 더 이상 달갑지 않은 방문을 하지 않아도 된다는 '훌륭한' 소식이다. 그러나 이 소식에 따르면 출생 전 혈통 명령은 '이타적' 대리모에 한해서만 이루어지고, 예정 모부는 법적 자문을 구해야 한다. 이 점이 분명 대리모 우호 측에 의하여 새로이 악용될 것이다. http://surrogacyandadoption.blogspot.com.au/search?updated-max=2017-01-29T15:34:00%2B10:00&max-results=7&start=21&by-date=false

17   이 중요한 문서는 가능한 널리 퍼져 마땅하며 원 저자와 다른 이들은 이를 더 발전시켜야 한다. 영어 버전은 다음 위치 참조. https://collectifcorp.files.wordpress.com/2015/01/surrogacy_hcch_feminists_english.pdf

18   이는 물론 체외수정, 중개자, 대리모 우호 집단—대리모 '포주'—이 소위 대리모와 난자 '공여자'의

신체로부터 이득을 취할 때
일어나는 일을 구체적으로 옮긴
것이다.

19 대리모 폐지 국제협약의
지은이들은 해당 문건을 헤이그
국제사법회의에 전달하면서
이를 모든 구성원과 나누고 차후
논의에 포함할 것을 요구했다.
헤이그 국제사법회의는 이를
행하지 않았다. 웹사이트에 2016년
1월경 혈통/대리모 프로젝트
집단에 대한 '전문가 회의 배경
노트' 목록을 올려두었지만 이
요구와 관련된 내용은 보이지
않았다(https://assets.hcch.net/
docs/8767f910-ae25-4564-a67c-
7f2a002fb5c0.pdf). 대리모 폐지
국제협약은 이 배경 노트에 완벽히
들어맞는 내용인데도 불구하고
말이다.

6장

1 『주문 제작 아동: 여성 중심적
관점으로』(Helen B Holmes, Betty
Hoskins, Michael Gross 편저,
1981)는 1979년 미국 매사추세츠
애머스트에서 '여성이 분석한 인간
재생산 기술에 대한 윤리적 논점'
워크숍을 발전시킨 결과물이다.
산전 진단부터 성별 조기 진단,
재생산 기술의 조작 윤리에
이르기까지 다양한 이슈를 다룬
이 책은 1980년대부터 1990년대
후반을 장악했던 신기술에 대해

페미니스트들이 가지는 지대한
관심을 다루었다.

2 이 책은 마치 긴급한 경보와도 같다.
체외수정과 관련 기술은 갓 발달된
참이었지만 약과 수술, 우생학,
산전 성 감별과 같은 여성에 대한
위험, 장애의 존재와 같은 주요한
문제와 인공포궁에 대한 발전 등이
널리 제기되었다. 이를 2017년에
다시 읽는 일은 분노를 자아낸다.
더 이상은 읽히지 않는 이 글들이
미리 예견하는 문제란 것이
무척이나 인상적이기 때문이다.
앞서 언급한 기술적 발전은 주류가
되었지만, 여성의 재생산적 삶과
모성에 대한 가부장적 통제에
대한 '더 큰 문제' 즉 '배경'은 더
이상 논의되지 않는다. 이 논의가
신속히 재개되어야 할 것이다(결론
182쪽을 보라).

3 회의 내용은 1986년과 1987년
『남성이 만든 여성』(Corea et
al.)으로 출간되었다. 이 문서는
페미니스트들이 이 기술에 대해서
얼마만큼의 긴급함을 가지고
접근했는지 보여준다. 글은 단순히
최신 기술적 성취(혹은 실패)뿐
아니라, 여성의 재생산에 대해
국제적 의료가 행사하는 통제력에
대한 체계적이고도 새로운 도식을
다루고 있다. 재니스 레이먼드는
서문에서 다음과 같이 경고한다.
"이는 '기술관료'의 반페미니즘이나
그들의 재생산 공학적 제안이
항상 의도적이고 계획적이거나

212

음모론적이라는 의미는 아니다. 한나 아렌트는 '악의 평범성'이라는 개념을 제안했다. 많은 '기술관료'는 존재론적으로 악하거나 괴물 같거나 음모를 꾸미기 때문에 여성을 해치는 것이 아니다. 그렇게 간단한 문제가 아니다. 여기 실린 각각의 글은 새로운 재생산 기술 논의의 복잡성을 드러낸다(1986/1987, p.13)."

4 핀레이지 구성원들은 전 세계적으로 무척 많은 책을 펴냈다. 예를 들어서 Pat Spallone과 Deborah Steinberg의 1987년 작 『주문 제작』, Jocelynne Scutt의 1988/1989년 작 『엄마 기계』, 레나트 클라인의 『욕망의 착취』(1989a)와 『불임: 재생산 의학에 대한 경험을 이야기하는 여성들』(1989b)이 있다. 1992년 파리다 에크테르는 『인구가 감소하는 방글라데시: 생식의 정치학에 대한 소고』를, 로빈 롤런드는 『살아있는 실험실: 여성과 재생산 기술』을 썼다. 재니스 레이먼드의 『포궁으로서의 여성: 재생산 기술과 여성의 자유에 대한 투쟁』(1993/1995), 파리다 에크테르의 『노르플랜트에 저항하다』(1995)도 있다. 1988년에는 『재생산과 유전 공학: 국제 페미니스트 분석 저널』이라는 저널을 시작했다(저널 관련 기사는 다음을 참조. http://www.finrrage.org). 이 문헌들은 동전의 양면을 지적한다. 위험한 피임기구, 임신중단, 불임 조치를 통해 가난한 이의 생식을 통제하고, 한편으로는 서구 국가에서 위험한 체외수정 약물을 통해 생식을 '치료'하는 것이다. 21세기에 이 양면성이 안겨다 주는 충격적인 현실은 계속해서 그 규모를 키워가고 있고, 긴급한 토의를 필요로 한다. 특히나 사하라 이남 아프리카 국가들이 위험한 피임기구와 화학적 임신중단을 통한 인구 통제가 이루어지는 마지막 '놀이터'가 되어버렸다는 맥락에서는 더욱 그러하다(Klein et al. 2013, pp. lxxxvi-lxxxviii).

5 마거릿 애트우드는 1985년 책에서 대리모 대신 '시녀'라는 용어를 썼다(그는 책 마지막 '역사적 기록'의 317쪽에서 대리모라고 언급하고 있다). 2017년 텔레비전 드라마 광고에서(드라마는 초기에 영화와 오페라로 등장한 뒤 나왔다) 대리모라는 용어가 쓰인다는 사실은 무척 좋은 일이다. 미국 드라마는 브루스 밀러가 제작하고 캐나다에서 촬영되었으며 엘리자베스 모스가 주연으로 등장하며 2017년 4월 첫 방영되었다.

6 엘리자베스/메리 베스 케인은 아기 구입자에게 아들을 내어주는 대가로 1만1500불을 받았다. 그는 남편에게 이 돈을 은행 계좌에 넣으라고 했고 그 돈으로 어떤 것도 사고 싶지 않다고 말했다. 오로지 그가 미국 정부에 세금을

낼 때에만 유용한 돈이었다. 그가 얻은 수입이 평균보다 높았기 때문이었다(1988/1990, pp.245-246). 성매매와 마찬가지로, 대리모를 합법화한 국가와 주는 아기 구입을 통해서 이득을 취하는 포주의 손을 든다.

7　『생모』의 호주판(1990, 로빈 롤런드 서문) 에필로그에서 메리 베스 케인은 1989년 린다 커크먼과 공적으로 토론을 했던 두 번의 호주 여행에 대해 기술했다. 린다 커크먼은 1988년 자매로부터 대리모를 통해 아이를 얻은 미디어 광이다. 나는 메리 베스를 만났을 때 대리모가 여성과 가족에게 미치는 영향에 대해서 공개하고자 하는 결연한 의지에 무척 감명을 받았던 사실을 기억하고 있다.

8　벳시 스턴은 소아과 의사로 불임이 아니었지만 임신과 출산이 그가 미약하게 앓고 있는 다발성 경화증을 심화시킬 것을 두려워했다(Arditti 1988년, p.51).

9　공공보건 법안 센터에 따르면, 법정 조언자 의견서는 "항소심에서 주제에 대한 강력한 관심이 있는 소송 비당사자에 의해서 채워진 법적 문건"을 뜻한다. 더 많은 정보는 다음을 참조하라. http://www.publichealthlawcenter.org/documents/resources/amicus-curiae-briefs

10　알레한드라 무뇨스, 퍼트리샤 포스터, 낸시 배러스, 메리 베스 화이트헤드와 엘리자베스 케인의 이야기는 내가 1989년 펴낸 선집『불임: 재생산 의학 경험을 이야기하는 여성들』에서 살펴볼 수 있다(pp.133-159). 이들의 이야기가 처음 쓰일 때만 해도 그 이야기들은 날것이며 고통스러웠고 절대 잊혀서는 안 되는 것이었다. 특히나 이 같은 일들이 부끄럽게도 전 세계에서 계속해서 반복된다는 점에서 더욱 그러하다.

11　2004년 18살이 된 멜리사 스턴이 화이트헤드의 양육권을 종료하고 벳시 스턴이 그를 입양했음은 슬프지만 놀라운 사실은 아니다. 저널리스트인 보니 골드스타인은 이를 다음과 같이 지적했다(Goldstein, 2009.7.23). "그가 자신을 길러준 모부에게 묶였다는 엄청난 깜짝 소식이다."

12　1988년 로빈 롤런드와 나는 클로미펜 시트레이트와 그 부작용에 대한 심층 연구를 진행했다(Klein/Rowland 1998). 그 가운데는 부정맥, 가슴 통증, 부종, 고혈압, 떨림, 시야 흐림 등의 증상이 있었다. 1993년 미 식품의약국은 이 생식 약물이 난소암과의 상관관계가 있는 것으로 드러나자 이에 블랙박스 경고(최고 수위의 경고)를 부착했다. 그러나 슬프게도 이 약물은 여전히 수백만 여성에게 처방되고 있다.

214

13 이로부터 30년 뒤, 산전 검사는
필수적인 것이 되었다. 특히
난자 공여자가 40세 이상이거나
임신부가 30세를 넘을 경우 더욱
그러하다. 2010년부터, 빅토리아
주에서 임신중단은 실질적으로
아기의 탄생 직전까지 시행
가능하게 될 것이다. 린다는 양수
검사와 (이상이 발견될 경우
시행되는) 잠재적 임신중단 모두를
피한 운 좋은 케이스였다.

14 1988년 '공여자'의 난자를 통한
임신이 전치태반을 유발할 확률이
더 높다는 사실은 알려지지 않은
상태였다. 오늘날 다음과 같이
말한 매기는 1988년보다 더 큰
죄책감을 느낄 것이다. "내가 이
일련의 사건에 대해 죄책감을
갖는다고 한다면 틀린 말일 것이다.
전치태반은 임신 150건 중 한
건마다 발생하며 이는 내 아이인
린다가 처한 상황과는 독립적인
확률이다."

15 케인은 미국에서 일어난 또 다른
자매 대리모에 대해서 언급했다.
생모인 Lori Jean은 아이를
포기하고 싶지 않았으나 가족
구성원에 의해서 강제적으로
아이를 빼앗겼고 가족들은 그를
불명예스럽게 대했다. Lori Jean은
언니가 자신이 아이를 낳아주면
자신을 더 사랑하리라고 생각해서
계약에 임했다(Hurley 1989, p.23 ;
Rowland 1992, p.69).

16 생모에 대한 자세한 사항이 등록되어
있고 아이가 18세가 되었을 때
이 정보에 접근할 수 있다고는
하지만, 이는 입양아들이 처한
상황과 유사하다. 대리모를 통해
태어난 어떤 아이들은 생모를 찾기
위한 절박한 여정을 시작하게 될
것이다. 여기에 난자 '공여자'까지
존재한다면 어떻게 될 것인가?

17 같은 해 호주에는 또 다른 체외수정
대리모가 있었다. 1988년 10월 18일
서호주 퍼스 지역에서 딸 둘과
아들 하나로 이뤄진 세쌍둥이가
태어났다. 체외수정 의사는 존
요비치였다. 커크먼 자매 건과
비교하면 이 사건은 공적으로
덜 알려졌다(『Canberra Times』
1988.10.20). 1986년, 서호주 정부
위원회는 대리모가 금지되어야
한다고 권고했으나 어떤 관련
법안도 통과시키지 않았다.

18 유비닉(UBINIG, Policy Research
for Development Alternative)은
방글라데시에 있으며 공동체에
기반한 연구 및 변호 조직으로 삶,
생태학, 공동체 생애 전략을 존엄,
다양성, 삶의 즐거움과 연관시킨다.
http://ubinig.org/index.php/home/
index/english 'Nayakrishi Andolon'
개념은 국제적으로 명성을 얻었다.
이는 '신 농업운동'이라는 뜻으로,
지구를 황야로, 산업적 사막으로
만들어버리는 경제적·기술적
절차에 저항하는 움직임이다.
유비닉은 방글라데시에서 살충제

없이 유기농 작물을 생산하는 수천 명의 농부를 지지한다. 농부들이 있는 마을에서 여성들은 종자를 보관하고, 공동체는 지참금이나 가난한 여성들에게 강제로 행해지는 해로운 피임 조치와 같은 사회적 질병에도 저항한다.

19 코밀라 선언(Akhter et al. 1989년)은 다음을 참조하라. http://ubinig.org/index.php/campaigndetails/showAerticle/15/23/english

20 에바마리아 바힝거의 책 『주문된 아이』는 2015년 오스트리아에서 출간되었다.

21 미국 생명 윤리 위원회(CBC, SSN이 속해 있다)는 2014년 두 번째 다큐멘터리 「브리더: 여성의 하위 계층?」을 제작했다. 이 다큐멘터리는 중요한 캠페인 도구가 되었다. 감독인 제니퍼 랄은 25년간 소아과 간호사로 일했다.

22 여태까지의 SSN 활동 목록은 '지금 당장 대리모를 중단하라' 사이트에서 찾아볼 수 있다(http://www.stopsurrogacynow.com). 해당 웹페이지에는 대리모에 비판적인 책이나 논문뿐 아니라 영상자료도 포함되어 있다.

23 SSN 캠페인에 대한 더 많은 정보는 다음을 참조하라. http://www.stopsurrogacynow.com/conference-in-rome-surrogacy-a-real-dehumanization-of-mother-and-child/#sthash.J4doYYcV.Lq8B4Hh3.dpbs 핀레이지와 SSN 페이스북 페이지는 캠페인 정보를 포함하는 또 다른 사이트다.

24 국제연합 사건을 다룬 두 시간짜리 영상은 이곳에서 볼 수 있다. http://www.stopsurrogacynow.com/what-a-great-event/#sthash.ddOcirOD.cSO3gXSQ.dpbs

25 '대리모 폐지를 요구하는 스페인 개최 국제 캠페인' http://www.stopsurrogacynow.com/international-campaigners-in-spain-to-call-for-abolition-of-surrogacy/#sthash.pOPie3D8.DcZ3OtuD.dpbs

결론

1 미국의 철학자 Mary Daly는 그의 책 『진/에콜로지: 급진 페미니즘의 메타 윤리학』(1978년)에서 '전경'과 '배경' 개념(Denise Connors에서 인용)을 사용한다. 재니스 레이먼드는 차후 이 개념을 발전시켜 『친구에 대한 열정: 여성 애정의 철학에 대하여』(1986년)에 활용한다. 그는 '근시야'와 '원시야'로 나누어 이야기한다. 해당 개념은 복잡한 이슈를 논할 때 무척이나 유용한 도구다.

2 약 6000년 전 일어난 가부장제의

시작을 설정하는 데는 너른 증거가 존재한다. 가부장제 전 역사에 대한 시간을 알아보기 위해서는 주디 포스터의 『선사 시대의 보이지 않는 여성: 3만 년의 평화, 6천 년의 전쟁』(2013)을 참조하라(pp.ix-xiii와 3부 11~16장).

3 물론 이는 아이를 '낳아야 할' 여성에게만 적용된다. 가난하고, 비서구권 국가 출신이며, 비주류 '인종' 여성이나 장애를 가진 여성은 아이를 낳아서는 안 되는 존재로 간주되고, 오랫동안 위험한 피임으로 공격을 받고, 강제적으로 불임 시술과 임신중단을 당하게 된다. 전 세계적 출생주의 대 반출생주의 이데올로기는 계속해서 대립한다(Klein 2008/2013).

4 스위스에서 1988년 발간된 『Tages Anzeiger Magazin』에 수록된 이 사건의 컬러 이미지를 이 자리에 붙여 넣을 수 있다면 좋았을 것이다. 한 이미지는 수혈관이 양쪽에 붙어 있는 채로 테이블 중앙에 놓인 포궁을 보여준다. 포궁은 빛이 너무 많이 비추어지는 바람에 노란 빛을 띠고 있다. 또 다른 이미지는 더 으스스하다. 가운과 마스크를 입은 과학자가 손에 포궁을 들고 배아를 주입하고 있다. 나는 이 이미지들을 컴퓨터에 저장해놓고 내 페미니스트 동료와 내가 미치지 않았다는 사실을 주지할 필요가 있을 때마다 다시 열어보곤 한다. 여성 존재에 대한 가부장제의

위협은 실재하며 멈추지 않는다.

5 『The Sydney Morning Herald』 기사에 Rania Spooner는 조산아가 고통받고 있는 영상을 공개했고(2017.3.25), Emily Partridge와 그의 동료들은 그들의 '바이오백을 통한 돌파'가 조산아의 삶을 나아지게 할 것이라고 적었다. http://www.smh.com.au/national/ health/science-of-the-lambs-researchers-perfect-artificial-womb-that-works-as-well-as-ewe-do-20170425-gvrw5v.html

6 이 추가적인 조치들은 줄리아 리의 회고록 『눈사태』(2016)에 언급되어 있다. 2년 동안 두 번의 인공수정과 여섯 번의 세포질내정자주입술 이후에도 임신은 이루어지지 않았다. 『눈사태』는 42세의 저자가 생식 치료에 쓴 수만 달러의 돈과 끊임없는 호르몬 주입의 결과 얻게 된 몸의 상흔, 정상 크기보다 열두 배나 커진 난소를 묘사한다. 무엇보다 그는 체외수정이 하나의 목표, 즉 임신을 향해 돌진하는 롤러코스터와 같음을 정직하게 보여준다. 이 술책에 '걸리기'가 얼마나 쉬운지도 함께 드러낸다. 그는 체외수정 의사가 한 번만 더 해보자고 하는 말을 계속해서 따라간다. 다행히 그는 '공여자'의 난자나 대리모를 쓰고자 하지 않는다. 체외수정을 고려하는 여성들이 반드시 읽어야 하는 가슴 아픈 기록이다. 리는 이렇게

썼다. "나는 내가 자발적으로 '최첨단' 의학에 동참한 참가자라는 끔찍한 기분을 느꼈다. 나는 더 커다란 실험에 동원된, 의심 없고 절박한 늙은 여자였다(p.44)." 그가 멈추기로 결정한 뒤 그는 의사에게 지난해 44세 여성이 아이를 가진 비율이 얼마나 되냐고 묻는다. 답은 2.8퍼센트였다.

7 크리스퍼는 '주기적 간격으로 분포하는 짧은 회문 구조 반복서열'이라는 뜻이다. 이는 리보핵산의 분자로 만들어진다. 캐스9는 박테리아 효소다. 크리스퍼 리보핵산은 캐스9에 붙어 분자 가위 역할을 한다.

8 이런 묘사처럼 크리스퍼 캐스9은 Clontech/TaKaRa를 공급한다. 한 개의 유전자 혹은 유전자 서열 전체가 잘리고 대체되어 결함 있는 유전자를 포함하지 않게 될 수 있다는 뜻이다. http://www.clontech.com/US/Products/Genome_Editing/CRISPR_Cas9/Resources/About_CRISPR_Cas9

9 최근 크리스퍼를 둘러싸고 일어나는 격양된 반응은 1980년대에 유전자 조작 박테리아와 바이러스를 무수히 낳았던 유전자 재결합 기술(이때도 '풀'과 '가위'가 쓰였다)을 공격적으로 광고할 때와 유사하다. 당시 유전자 재결합 기술은 '유전자 혁명'을 일으키고 소위 제3세계에서 실패한 '녹색 혁명'을 대체할 것으로 기대되었다. 인간을 위한 약품을 시험할 용도 하나만으로 유전자 변형 동물들이 살아 있는 실험실로서 수없이 많이 생산되었다. 1988년 4월 13일 하버드대학이 옹코마우스 창조 특허를 받았다. 옹코마우스는 유전자 변형 생쥐로 유방암에 취약하며 질병을 자손에게로 전파했다(Klein 1989b, p.258). 인간에 대한 유전자 치료 실험은 1989년 이루어졌다. 1990년대에는 어떤 실질적인 돌파구도 없이 열광만 드높아졌는데, 수많은 다국적 바이오테크 스타트업이 생겨났고 이 기업들은 전부 돈을 목적으로 했다. 그러다 1999년 9월 17일 펜실베이니아에서 18세의 제시 겔싱어가 사망하는 사건이 일어났다. 그는 4만 명 중 한 명에게 발생하는 오르니틴 트랜스카복실화효소 결핍증(OTCD)이라는 대사 장애를 앓고 있었다. 겔싱어는 OTC 유전자를 주입받은 뒤 4일 만에 사망했다. 그의 사망 사건은 생명공학계에 파장을 일으켰고 미국 내 유전자 요법을 잠재적으로 중단시켰다(Sibbald 2001). 헤이스팅스 센터는 겔싱어의 사망 10년 뒤에 다음과 같은 보고서를 내놓았다. 유전 요법은 1990년대 시행된 배아 줄기세포 연구의 일환이었다. 해당 요법의 치료 능력은 한계가 없고 이에 대한 반응은 어마어마했다. 치료와 재정 두 분야 모두에서

유전 요법은 좋은 전망을 약속했다. OTCD와 같은 희귀 질병부터 암과 같은 흔한 질병에 이르기까지 수억 달러를 벌어들일 것으로 예견되면서 몇몇 회사는 이 기술에 수백만 달러를 투자했다(Obasogie 2009).

비록 인간 유전 요법은 2008년 실험적으로 관절염 유전자를 주입한 뒤 미국 여성이 사망한 사건과 같이, 사망과 불운한 사고를 많이 일으켰다. 이 사건은 그보다 이른 2002년 유전 요법 실험에서 레트로바이러스를 주입했을 때 면역력 결핍으로 인해 백혈병이 발생했던 사건 이후에 발생했다(Evans et al. 2008). 우리는 크리스퍼의 활용이 이와 같은 비극을 낳지 않기를 바랄 뿐이다.

10 혹은 난자와 정자 세포는 시험관배우자형성이라고 불리는 절차를 통해 인간 피부 세포로부터 무제한으로 채취될 수도 있다(IVG, 2017년 1월 12일 보고된 바에 따르면 현재로서는 생쥐 실험으로만 성공했다. Sample 2017). 실험실에서 사용 가능한 생식세포를 통해서 배아를 무제한 만들어낼 수 있다. 이 '난자 천국'(정자는 늘 쉽게 얻을 수 있다)은 당연하게도 재생산 연구자를 무척 행복하게 만들 것이다. 몇십 년 동안 이들은 난세포를 얻기가 어려운 상황에 대해 불만을 표해왔다. 1980년대

로버트 에드워즈는 "인간 난자가 나를 자유롭게 해준다면 만족스러웠을 텐데"라면서 "난자를 꿈꾸는" 일에 대해 말했다. 그리고 1978년 루이즈 브라운이 태어나기 전까지 그는 실험을 위해서 소의 난자를 써야 했다(Corea 1984, p.42). 1987년, 무제한 난자에 대한 꿈은 소의 난소에서 채취한 미성숙한 난자가 실험관에서 마저 성숙하며 '시험관'으로 들어가면서 실현되는 듯 보였다(Vines 1987, p.23). 이다음 아이디어는 인간 여성의 난자에서 몇 백 개의 미성숙한 난세포를 채취해 이를 실험실에서 성숙시키는 것이었다(여성은 난소에 40만 개의 난세포를 가지고 있으나 성숙한 난자는 평생 350개에서 400개만을 가지고 있다. Klein 1989b, p.275). 1988년, '난자 열기'는 호주에도 닿았다. '전경'으로 보자면 체외수정 의사들이 난세포에 제한 없이 도달하면서 체외수정 성공률이 늘어나리라고 했다. 하지만 뉴캐슬대학의 재생산 생리학자 Max Brinsmead가 태아의 난소에서 미성숙한 난세포를 채취하는 일을 좋은 아이디어라고 이야기하자 언론은 과열되었다. 그는 "아직 태어나지 않은 태아가 아이를 가질 수 있다. 14주 태아는 100만 개의 난포를 가지고 있다. 태어나지 못한 태아도 이론상으로는 난자 공여자가 될 수 있는 것이다"라고 했다(Miller 1988). 내가 아는 한 이 광기가 실제로 시도되지는

않았다. 만일 그랬다면 우리는
'멋진 신세계'에 가까이 간 셈이다.
앞으로 체외수정이 난자를 향한
과학자들의 꿈을 실현시켜주는지,
혹은 많은 기술이 그러했듯 그 꿈을
벼랑에서 떨어뜨려버리는지를
지켜보아야 할 것이다.

ABC Television (12 July 2007). 'The 7.30 Report with Kerry O'Brien'. Australian Broadcasting Company, Sydney.

ABC Television (22 September 2014). 'Made in Thailand'. *Four Corners*. Reporters Debbie Whitmont and Karen Michelmore; <http://www.abc.net.au/4corners/stories/2014/09/22/4090232.htm>

ABC News (11 August 2014). 'Searching for C11 - Transcript'. *Australian Story*; <http://www.abc.net.au/austory/content/2014/s4065081.htm>

ABC News (21 August 2014). 'What chance for international surrogacy laws?'; <http://www.abc.net.au/news/2014-08-21/van-whichelenwhat-chance-for-international-surrogacy-laws/5683746>

ABC News (29 June 2017). 'Baby Gammy is Now Three'; <http://www.abc.net.au/news/2017-06-29/baby-gammy-is-now-three/8662868>

Achtelik, Kirsten (2015). *Selbstbestimmte Norm. Feminismus, Pranataldiagnostik, Abtreibung.* Verbrecher Verlag, Berlin.

Akhter, Farida, Wilma Van Berkel and Natasha Ahmed (eds.) (1989). *The Comilla Declaration.* FINRRAGE/UBINIG Proceedings. Dhaka.

Akhter, Farida (1992). *Depopulating Bangladesh: Essays on the Politics of Fertility.* Narigrantha Prabartana, Dhaka.

Akhter, Farida (1995). *Resisting Norplant.* Narigrantha Prabartana, Dhaka.

Allan, Sonia (5 August 2014). 'Gammy case highlights risks of for-profit surrogacy market'. *The Sydney Morning Herald*; <http://www.smh.com.u/comment/gammy-case-highlights-risks-of-forprofit-surrogacymarket-20140803-1003fr.html>

Allan, Sonia (2016). 'Submission No. 17 to the Inquiry into the Regulatory and Legislative Aspects of International and Domestic Surrogacy Arrangements, House of Representatives Standing Committee on Social Policy and Legal Affairs, Parliament of Australia'; <http://www.aph.gov.au/Parliamentary_Business/Committees/House/Social_Policy_and_Legal_Affairs/Inquiry_into_surrogacy/Submissions>

Arditti, Rita, Renate Duelli Klein and Shelley Minden (eds.) (1984/1989). *Test-tube Women: What Future for Motherhood?* Pandora Press, London; Allen and Unwin, Sydney.

Arditti, Rita (1988). 'A Summary of some recent developments on surrogacy in the United States' *Reproductive and Genetic Engineering* Vol. 1, No. 1, pp. 51-64.

Atwood, Margaret (1985). *The Handmaid's Tale.* McClelland and

Stewart, Toronto.

Bachinger, Eva Maria (2015). *Kind auf Bestellung*. Deuticke im Paul Zsolnay Verlag, Vienna.

Barker, Anne (23 February 2017). 'Desperate Australian couples unable to leave Cambodia with surrogate babies'; <http://www.abc.net.au/news/2017-02-23/australian-couples-with-surrogate-babies-stuck-incambodia/8294810>

Barker, Anne (21 November, 2016). 'Australian woman charged with running illegal surrogacy clinics in Cambodia'; <http://www.abc.net.au/news/2016-11-21/australian-woman-charged-over-illegalsurrogacy-clinic-cambodia/8042708>

BBC News (7 August 2014). 'Thai surrogate baby Gammy: Australian parents contacted'; <http://www.bbc.com/news/world-asia-28686114>

Beekman, Madeleine (20 November 2015). 'Do you share more genes with your mother or your father?' *The Conversation*; <http://theconversation.com/do-you-share-more-genes-with-your-mother-or-your-father-50076?utm_medium=email&utm_campaign=The+Weekend+Conversation+-+3848&utm_content=The+Week end+Conversation++3848+CID _61a7cc1a201fc294d7e8dd9647 5391da&utm_source=campaign_onitor&utm_term=Do%20you%20 share%20more%20genes%20 with%20your%20mother%20or%20 your%20father>

Bell, Diane and Renate Klein (eds.) (1996). *Radically Speaking: Feminism Reclaimed*. Spinifex Press, North Melbourne.

Bindel, Julie (2017). *The Pimping of Prostitution: Abolishing the Sex Work Myth*. Palgrave Macmillan, London; Spinifex Press, Geelong and Mission Beach.

Bradish, Paula, Erika Feyerabend and Ute Winkler (eds.) (1989). *Frauengegen Gen-und Reproduktionstechnologien*. Frauenoffensive, Munchen.

Brennan, Bridget (18 April 2015). 'Surrogacy reform needed to encourage "ethical" arrangements: Chief Justice'. *ABC AM*; <http://www.abc.net.au/news/2015-04-18/surrogacy-reform-needed-to-encourageethical/6402844>

Brodribb, Somer (1992). *Nothing Mat(t)ers*. Spinifex Press, North Melbourne.

Bulletti, Carlo, Valerio M Jasonni, Stefania Tabanelli, Lucca Gianaroli, Patrizia M Ciotti, Anna P Ferraretti and Carlo Flamigni (June 1988). 'Early human pregnancy in vitro utilizing an artificially perfused uterus'. *Fertility and Sterility*, Vol. 49, Issue 6, pp. 991-996.

Bulletti, Carlo, Antonio Palagiano,

Caterina Pace, Angelica Cerni, Andrea Borini and Dominique de Ziegler (2011). 'The Artificial Womb'. *Annals of the New York Academy of Science*, Vol. 1221, pp. 124-128.

Canberra Times (20 October 1988). 'IVF Triplets' Surrogate Birth in Perth'; <http://trove.nla.gov.au/ newspaper/rendition/nla.news-article102016161.txt?print+true>

Cannold, Leslie (1995). 'Women, Ectogenesis and Ethical Theory'. *Journal of Applied Philosophy*, Vol. 12, No. 1, pp. 55-64.

Cannold, Leslie (2006). 'Women can still say no'. *On Line Opinion*; <http:// www.onlineopinion.com.au/view. asp?article=5197&page=0>

Chargaff, Erwin (1987). 'Engineering a Molecular Nightmare'. *Nature*, Vol. 327, Issue 6119, pp. 199-200.

Chesler, Phyllis (1972). *Women and Madness*. Doubleday, Garden City, New York.

Chesler, Phyllis (1987). *Mothers on Trial: The Battle for Children and Custody*. Seal Press, Seattle.

Chesler, Phyllis (1988). *Sacred Bond: The Legacy of Baby M*. Crown Publishing Group, New York.

Commonwealth of Australia (2006). 'The Prohibition of Human Cloning and the Regulation of Human Embryo Research Amendment Bill 2006'; <https://www.legislation.gov.au/ Details/C2006A00172>

Corea, Gena (1984). 'Egg Snatchers' in Rita Arditti, Renate Duelli Klein and Shelley Minden (eds.) (1984/1989). *Test-tube Women: What Future for Motherhood?* Pandora Press, London; Allen and Unwin, Sydney, pp. 37-51.

Corea, Gena (1985). *The Mother Machine: Reproductive Technologies from Artificial Insemination to Artificial Wombs*. Harper and Row, New York.

Corea, Gena, Renate Duelli Klein, Jalna Hanmer, Helen B Holmes, Betty Hoskins, Madhu Kishwar et al. (1985/1987). *Man-made Women: How New Reproductive Technologies Affect Women*. Hutchinson, London; Indiana University Press, Bloomington.

Corea, Gena (1989). 'Mere porteuse et liberte'. In *L'ovaire-dose?* Actes du colloque organise les 3 et 4 decembre 1988 par le MFPF (Mouvement francais pour le planning familial). Catherine Lesterpt and Gatienne Doat (eds.). Syros/Alternatives, Paris, pp. 259-275.

Corea, Gena and Cynthia de Wit (1988). 'Current Developments' in *Reproductive and Genetic Engineering: Journal of International Feminist Analysis*, Vol. 1, No. 2, pp. 183-203.

CoRP (Collectif pour le Respect de la Personne), Cadac (Coordination

des associations pour le droit a
l'avortement et a la contraception),
CLF(Coordination lesbienne
en France) et al. (2015). 'The
International Convention for the
Abolition of Surrogacy': <https://
collectifcorp.files.wordpress.
com/2015/01/surrogacy_hcch_
feminists_english.pdf>

Cotton, Kim and Denise Winn (1985).
For Love and Money. Dorling
Kindersley Publishers, London.

Creative Family Connections; <http://
www.creativefamilyconnections.
com/us-surrogacy-law-map>

Daly, Mary (1978). *Gyn/Ecology: The
Metaethics of Radical Feminism*.
Beacon Press, Boston.

Darnovsky, Marcy and Diane Beeson
(December 2014). 'Global
Surrogacy Practices'. Working Paper
No. 601, *International Institute of
Social Studies(ISS)*, The Hague,
Netherlands; <https://repub.eur.nl/
pub/77402>

Dawe, Gavin S, Tan, Xiao Wei, and
Xiao, Zhi-Cheng (January-March
2007). 'Cell Migration from Baby
to Mother'. *Cell Adhesion and
Migration*, Vol. 1, No. 3.

Deccan Chronicle (3 July 2017). 'Womb
transplants for men; revolution in
reproduction poses moral dilemma';
<http://www.deccanchronicle.
com/lifestyle/health-and-
wellbeing/030717/wombs-for-
menrevolution-in-reproduction-
poses-moral-dilemma.html>

Derek, Julia (2004). *Confessions of a
Serial Egg Donor*. Adrenaline Books,
New York.

De Saille, Stevienna (2018). *Knowledge
as Resistance: The Feminist
International Network of Resistance
to Reproductive and Genetic
Engineering*. Palgrave Macmillan,
London.

Die Grünen im Bundestag,
AK Frauenpolitik und
sozialwissenschaftliche Forschung
und Praxis für Frauen (1985).
'Frauen gegen Gentechnik
und Reproduktionstechnik.'
Dokumentation zum Kongress vom
19-21.4.1985 in Bonn. Die Grünen,
Koln.

Dworkin, Andrea (1983). *Right-Wing
Women: The Politics of Domesticated
Females*. The Women's Press,
London.

Ekman, Kajsa Ekis (2013). *Being
and Being Bought: Prostitution,
Surrogacy and the Split Self*.
Spinifex Press, North Melbourne.

Elenis, Evangelia, Agneta Skoog
Svanberg, Alkistis Skalkidou, and
Gunilla Sydsjo (8 October, 2015).
'Adverse obstetric outcomes in
pregnancies resulting from oocyte
donation: a retrospective cohort
case study in Sweden'. *BMC
Pregnancy Childbirth*, 15, 247;
<https://www.ncbi.nlm.nih.gov/pmc/
articles/PMC4598963/>

European Parliament (5 April 2011). 'Resolution on priorities and outline of a new EU policy framework to fight violence against women'; <http://www.europarl.europa.eu/sides/getDoc.do?pubRef=-//EP//TEXT+TA+P7-TA-2011-0127+0+DOC+XML+V0//EN>

European Parliament (16 December 2015). 'Motion on the Annual Report on Human Rights and Democracy in the World 2014 and the European Union's policy on the matter'; <http://www.europarl.europa.eu/sides/getDoc.do?pubRef=-//EP//TEXT+REPORT+A8-2015-0344+0+DOC+XML+V0//EN#title1>

Evans, Christopher H, Steven C Ghivizzani and Paul D Robbins (27 May 2008). 'Arthritis gene therapy's first death'. *Biomed Central*, Vol. 10, No. 110; <https://arthritis-research.biomedcentral.com/articles/10.1186/ar2411>

Everingham, Sam/Bernadette Tobin (14 May 2015). 'Should commercial surrogacy be legal in Australia?' *Sydney Morning Herald*; <http://www.smh.com.au/comment/should-commercial-surrogacy-be-legal-inaustralia-20150514-gh1ead.html>

Feneley, Rick (30 April 2015). 'Chief Justice Diana Bryant confident commercial surrogacy will be legalised in Australia'. *Sydney Morning Herald*; <http://www.smh.com.au/national/chief-justice-dianabryant-confident-commercial-surrogacy-will-be-legalised-inaustralia-20150429-1mvzn1.html>

FINRRAGE/UBINIG (1989). *The Declaration of Comilla*; <http://www.finrrage.org/wpcontent/uploads/2016/03/Comilla_Proceedings_1989.pdf>

FINRRAGE (2016). 'Submission No. 70 to the Inquiry into the Regulatory and Legislative Aspects of International and Domestic Surrogacy Arrangements, House of Representatives Standing Committee on Social Policy and Legal Affairs, Parliament of Australia'; <http://www.aph.gov.au/Parliamentary_Business/Committees/House/Social_Policy_and_Legal_Affairs/Inquiry_into_surrogacy/Submissions>

Foster, Judy with Marlene Derlet (2013). *Invisible Women of Prehistory: Three Million Years of Peace, Six Thousand Years of War*. Spinifex Press, North Melbourne.

Fraser, Jo (2016). 'Submission No. 29 to the Inquiry into the Regulatory and Legislative Aspects of International and Domestic Surrogacy Arrangements, House of Representatives Standing Committee on Social Policy and Legal Affairs, Parliament of Australia'; <http://www.aph.gov.au/Parliamentary_Business/Committees/House/Social_Policy_and_Legal_Affairs/Inquiry_into_surrogacy/Submissions>

Garr, John D (2012). *Feminine by Design: The God-Fashioned Woman*. Golden Key Press, Atlanta GA.

Gillard, Julia (21 March 2013). 'National Apology for Forced Adoptions'; <https://www.youtube.com/watch?v=5hVbokTpYeg>

Goldstein, Bonnie (23 July 2009). 'In surrogacy, a deal is not always a deal'. *Slate*; <http://www.slate.com/articles/podcasts/amicus/2017/06/the_2016_supreme_court_term_in_review_on_amicus.html>

Gopal, M Sai (19 June 2017). 'Is Hyderabad turning into a surrogacy hub?'; <https://telanganatoday.com/is-hyderabad-turning-into-surrogacyhub>

Gouvernment du Quebec, Conseil du statut de la femme (1988). *Sortir la maternite du laboratoire*. Actes du forum international sur les nouvelles technologies de la reproduction organise par le Conseil du statut de la femme et tenu a Montreal les 29, 30 et 31 octobre 1987 a l'Universite Concordia, Canada.

Hadfield, Peter (29 September 1996). 'Japanese pioneers raise kid in rubber womb'. *New Scientist*; <https://www.newscientist.com/article/mg13418180-400-japanese-pioneers-raise-kid-in-rubber-womb/>

Hands Off Our Ovaries (2006). 'Mission Statement'; <http://www.handsoffourovaries.com/manifesto.htm?>

Hawley, Samantha (2 September 2014). 'Australian charged with sexually abusing twins he fathered with Thai surrogate'. *ABC News*; <http://www.abc.net.au/news/2014-09-01/australian-who-fathered-surrogatetwins-facing-abuse-charges/5710796>

Hawthorne, Susan (2002). *Wild Politics: Feminism, Globalisation, Bio/diversity*. Spinifex Press, North Melbourne.

Higgins, Claire (2008). *Assisted Reproductive Technology Bill 2008*. Parliament of Victoria, Melbourne; <http://trove.nla.gov.au/version/43419158>

Holmes, Helen B, Betty Hoskins and Michael Gross (eds.) (1981). *The Custom-Made Child: Women-Centered Perspectives*. The Humana Press Inc., Clifton, New Jersey.

House of Representatives Standing Committee on Social Policy and Legal Affairs (April 2016). *Surrogacy Matters: Inquiry into the Regulatory and Legislative Aspects of International and Domestic Surrogacy Arrangements*.

Commonwealth of Australia, Canberra; <http://www.aph.gov.au/Parliamentary_Business/Committees/House/Social_Policy_and_Legal_Affairs/Inquiry_into_surrogacy/Report>

Humbyrd, Casey (2009). 'Fair Trade International Surrogacy'. *Developing World Bioethics*, Vol. 9, No. 3; <https://www.ncbi.nlm.nih.gov/pubmed/19508290>

Hurley, Jennifer (20 January 1989). '"Surrogate" Motherhood: Advocacy and Resistance, Linda Kirkman and Elizabeth Kane'. In *Girls Own Annual*, Deakin University, Geelong, pp. 22-23.

Ince, Susan (1984/1989). 'Inside the Surrogate Industry' in *Test-tube Women: What Future for Motherhood?* Pandora Press, London; Allen and Unwin, Sydney, pp. 99-116.

International Board for Regression Therapy (n.d.) 'Homepage'; <http://www.ibrt.orgtehead>

Jewett, Christina (2 February 2017). 'Women fear drug they used to halt puberty led to health problems'. *California Healthline*; <http://californiahealthline.org/news/women-fear-drug-they-usedto-halt-puberty-led-to-health-problems/?utm_campaign=CHL%3A+Daily+Edition&utm_source=hs_email&utm_medium=email&utm_content=41855826&_

hsenc=p2ANqtz-_zWvmRa1NxYrvwMmqnhCU1R2dtqpRmA83E9-7lKoofvLctmgSgCnVnP1lqY1XDxk47Ijq BUK7M37824YkdX0rMLkELRQ&_hsmi=41855826>

Kane, Elisabeth (1988/90). *Birth Mother: The Story of America's First Legal Surrogate Mother*. Harcourt, San Diego; Sun Books, Macmillan, South Melbourne (with a Foreword by Robyn Rowland).

Kaupen-Haas, Heidrun (1988). 'Experimental Obstetrics and National Socialism: The conceptual basis of reproductive technology today'. *Reproductive and Genetic Engineering: Journal of International Feminist Analysis*, Vol. 1, No. 2, pp. 127-132.

Katz Rothman, Barbara (1986). *The Tentative Pregnancy: Prenatal Diagnosis and the Future of Motherhood*. Viking Penguin, New York.

Katz Rothman, Barbara (1989). *Recreating Motherhood: Ideology and Technology in a Patriarchal Society*. W.W. Norton and Co, New York and London.

Kendal, Evie (2015). *Equal Opportunity and the Case for State Sponsored Ectogenesis*. Palgrave Macmillan, London.

Kirkman Maggie and Linda Kirkman (1988). *My Sister's Child*. Penguin, Melbourne.

Kirkman, Maggie (2002). 'Sister-to-

Sister Surrogacy 13 years on: A narrative of parenthood'. *Journal of Reproduction and Infant Psychology*, Vol. 20, No. 3, pp. 135-147.

Klass, Perri (29 September 1996). 'The Artificial Womb is Born'. *The New York Times Magazine*; <http://www.nytimes.com/1996/09/29/magazine/the-artificial-womb-is-born.html>

Klein, Renate (1989a). *The Exploitation of a Desire: Women's Experiences with in vitro fertilisation.* Deakin University, Geelong.

Klein, Renate/Robyn Rowland (1988). 'Women as test-sites for fertility drugs. Clomiphene citrate and hormonal cocktails.' *Reproductive and Genetic Engineering* Vol. 1, No, 3, pp. 251-274.

Klein, Renate D (ed) (1989b). *Infertility: Women Speak Out about Their Experiences of Reproductive Medicine.* Pandora Press, London.

Klein, Renate, Janice G Raymond and Lynette J Dumble (1991/2013). *RU 486: Misconceptions, Myths and Morals.* Spinifex Press, North Melbourne.

Klein, Renate (1996). '(Dead) Bodies Floating in Cyberspace: Postmodernism and the Dismemberment of Women' in Diane Bell and Renate Klein (eds.) *Radically Speaking: Feminism Reclaimed.* Spinifex Press, North Melbourne, pp. 346-358.

Klein, Renate (2006). 'Rhetoric of Choice clouds dangers of harvesting women's eggs for cloning'. *On Line Opinion*; <http://www.handsoffourovaries.com/manifesto.htm>

Klein, Renate (2008). 'From Test-tube Women to Women without Bodies'. *Women's Studies International Forum* Vol. 31, pp. 157-175.

Klein, Renate (June 2011). 'Surrogacy in Australia: New Legal Developments'. *Bioethics Research Notes*, Vol. 23, No. 2, pp. 23-26; <http://www.cam.org.au/News-and-Events/News-and-Events/Melbourne-News/Article/14966/Reproductive-slavery-.Vl00q3ui1_w>

Klein, Renate (20 August 2014). 'Baby Gammy has shown the need for debate on surrogacy'. *The Sydney Morning Herald*; <http://www.smh.com.au/comment/baby-gammy-has-shown-the-need-for-debate-onsurrogacy-20140819-105pfx.html>

Klein, Renate (29 March 2015a). 'Reflections on Roundtable on Surrogacy' Standing Committee on Social Policy and Legal Affairs, March 5 2015, Parliament House, Canberra.

Klein, Renate (18 May 2015b). 'Can Surrogacy Be Ethical?'; <http://www.abc.net.au/religion/articles/2015/05/18/4237872.htm>

Klein, Renate (2018). 'The Exploitation

of Fear: How Wunschkinder have to be perfect'. DFG/South Asia Institute, University of Heidelberg.

Lahl, Jennifer and Melinda Tankard Reist (eds.) (2018). *Broken Bonds: Surrogate Mothers Speak Out*. Spinifex Press, Geelong and Mission Beach.

Lahl, Jennifer (May 2016). 'Telling the Truth about Surrogacy in the United States'. The Center for Bioethics and Culture Network, Pleasant Hill, California; <http://bit.ly/2fEHTRR>

Leigh, Julia (2016). *Avalanche: A Love Story*. Hamish Hamilton, Melbourne.

Lesterpt, Catherine and Gatienne Doat (eds.) (1989). *L'ovaire-dose? : Les nouvelles methodes de procréation. Actes du colloque organise les 3 et 4 decembre 1988 par le Mouvement français pour le planning familial.* Syros/Alternatives, Paris.

Lynch, Catherine (2016). 'Submission No. 13 on behalf of the Australian Adoptee Rights Action Group, to the Inquiry into the Regulatory and Legislative Aspects of International and Domestic Surrogacy Arrangements, House of Representatives Standing Committee on Social Policy and Legal Affairs, Parliament of Australia.'; <http://www.aph.gov.au/Parliamentary_Business/Committees/House/Social_Policy_and_Legal_Affairs/Inquiry_into_

surrogacy/Submissions>

Mackieson, Penny (2015). *Adoption Deception: A Personal and Professional Journey*. Spinifex Press, North Melbourne.

Marre, Diana and Beatriz San Roman (eds.) (November 2015). International Forum on Intercountry Adoption and Global Surrogacy, AFIN, No. 77, Barcelona; <https://ddd.uab.cat/pub/afin/afinENG/afin_a2015m11n77iENG.pdf>

Marsh, Beezy (3 December 2006). 'IVF can lower chance of pregnancy'. *The Telegraph* (UK).

Masoudian, PA Nasr, J de Nanassy, K Fung-Kee-Fung, SA Bainbridge and DEl Demellawy (March 2016). 'Oocyte donation pregnancies and the risk of preeclampsia or gestational hypertension: a systematic review and metaanalysis'. *American Journal of Obstetrics and Gynecology*, Vol. 214, No. 3, pp. 328-39; <https://www.ncbi.nlm.nih.gov/pubmed/26627731>

Medew, Julia (23 March 2013). 'Surrogacy's painful path to parenthood'; <http://www.smh.com.au/national/surrogacys-painful-path-toparenthood-20130322-2glhn.html>

Meggett, Marie (ed) (1991). 'Surrogacy - In Whose Interest?' Proceedings of National Conference on Surrogacy. Mission of St James and

St John, West Melbourne.

Mies, Maria (1985). 'Why Do We Need All This? A Call Against Genetic Engineering and Reproductive Technology'. *Women's Studies International Forum* Vol. 8, No. 6, pp. 553-560.

Mies, Maria (1986). *Patriarchy and Accumulation on a World Scale: Women in the International Division of Labour*. Zed Books, London; Spinifex Press, North Melbourne.

Mies, Maria (1988). 'Selbstbestimmung - das Ende einer Utopie?' in Paula Bradish, Erika Feyerabend and Ute Winkler (eds.) (1989). *Frauen gegen Gen- und Reproduktionstechnologien*. Frauenoffensive, Munchen, pp. 111-124.

Miller, Calvin (27 May 1988). 'When a foetus is a mother'. *Australian Doctor*.

Millican, Lynne (May 2, 2014). 'Hidden Clinical Trial Data About Lupron'. *Impact Ethics*; <https://impactethics.ca/2014/05/02/hidden-clinicaltrial-data-about-lupron/>

Millican, Lynne (2017); <lupronvictimshub/lawsuits.html>

Monks, John (15 September 1989). 'I'll have your Surrogate Baby'. *New Idea*, pp. 12-13.

Morgan, Robin (1989/2001). *Demon Lover: The Roots of Terrorism*. W.W.Norton and Co., New York;

Washington Square Press/Simon and Schuster, New York.

Munro, Kathryn (1997). 'Technogyny: The Transformation of Reproduction'. PhD Thesis, Deakin University, Victoria.

Murdoch, Lindsay (20 November 2016). 'Australian nurse Tammy Davis-Charles arrested in Cambodian surrogacy crackdown'. *The Sydney Morning Herald*; <http://www.smh.com.au/world/australian-nursetammy-charles-caught-up-in-cambodian-surrogacy-crackdown-20161120-gstd23.html>

Nicolau, Yona, Austin Purkeypile, T Allen Merritt, Mitchell Goldstein and Bryan Oshiro (10 November 2015). 'Outcomes of surrogate pregnancies in California and hospital economics of surrogate maternity and newborn care'. *World Journal of Obstetrics and Gynecology*, Vol. 4, Issue 4, pp. 1-6.

Norma, Caroline and Tankard Reist, Melinda (2016). Prostitution Narratives: *Stories of Survival in the Sex Trade*. Spinifex Press, North Melbourne.

Norris, Sonya and Marlisa Tiedemann (1911). 'Legal Status at the Federal Level of Assisted Human Reproduction in Canada'; <https://lop.parl.ca/Content/LOP/ResearchPublications/2011-82-e.htm?cat=government:>

Obasogie, Osagie K (22 October 2009).

'Ten Years Later: Jesse Gelsinger's Death and Human Subject Protection'. *The Hastings Center*; <http://www.thehastingscenter.org/ten-years-later-jesse-gelsingers-deathand-human-subjects-protection/>

Olson, Stephen (December 2015). 'International Summit on Human Gene Editing: A Global Discussion'; <https://www.ncbi.nlm.nih.gov/books/NBK343651/>

Page, Stephen (18 December 2016). 'Family Court of Australia court registers US pre-birth surrogacy order'; <http://surrogacyandadoption.blogspot.com.au/search?updated-max=2017-0129T15:34:00%2B10:00&maxresults=7&start=21&by-date=false>

Pande, Amrita (2014). *Wombs in Labor: Transnational Commercial Surrogacy in India*. Columbia University Press, New York.

Pande, Amrita (2015). 'Global Reproductive Inequalities, Neo-Eugenics and Commercial Surrogacy in India'. *Current Sociology*, pp. 1-15.

Pande, Amrita (29 August, 2016). 'Surrogates are Workers, not Wombs'. *The Hindu*; <http://www.thehindu.com/opinion/op-ed/Surrogatesare-workers-not-wombs/article14594820.ece>

Pande, Amrita (2017). 'Transnational commercial surrogacy in India: to ban or not to ban'. In Miranda Davies (ed) *Babies for Sale? Transnational Surrogacy, Human Rights and the Politics of Reproduction*, Zed Books, London, pp. 328-343.

Partridge, Emily A, Marcus G Davey, Matthew A Hornick *et al.* (25 April 2017). 'An extra-uterine system to physiologically support the extreme premature lamb'. *Nature Communications*; <http://www.nature.com/articles/ncomms15112>

Pearlman, Jonathan (30 May 2017). 'Australia unveils new plan to confiscate paedophiles' passports in bid to crack down on predatory tourism'. *The Telegraph*; <http://www.telegraph.co.uk/news/2017/05/30/australia-unveils-new-plan-confiscate-paedophiles-passports/>

Powell, Gary (2015). 'Why I Support #StopSurrogacyNow'; <http://www.stopsurrogacynow.com/why-i-support-stopsurrogacynow/#sthash.qx9MuHns.dpbs>

Radio National (2014). 'e-Baby: the surrogate story'; <http://www.abc.net.au/radionational/programs/drawingroom/e-baby/6273604>

Rajan, Sanoj (January 2017). 'International surrogacy arrangements and statelessness' in *The World's Stateless Children*. Institute on Statelessness and Inclusion/Wolf Legal Publishers,

Oisterwijk, The Netherlands, pp. 374-384; <http://www.institutesi.org/worldsstateless17.pdf>

Ralston, Nick (30 June 2013). 'Named: the Australian paedophile jailed for 40 years', *Sydney Morning Herald*; <http://www.smh.com.au/national/named-the-australian-paedophile-jailed-for-40-years-20130630-2p5da.html>

Rao, Mohan (September 2016). 'Banning commercial surrogacy is the only way forward'. *GovernanceNow*' pp. 38-39.

Raymond, Janice G (1986/2001). *A Passion for Friends: Toward a Philosophy of Female Affection*. Beacon Press, Boston; Spinifex Press, North Melbourne.

Raymond, Janice G (1993/1995). *Women as Wombs: Reproductive Technologies and the Battle over Women's Freedom*. Harper Collins, San Francisco; Spinifex Press, North Melbourne.

Raymond, Janice G (2013). *Not a Choice, Not a Job: Exposing the Myths about Prostitution and the Global Sex Trade*. Spinifex Press, North Melbourne.

Responsible Surrogacy (n.d.). 'Information regarding the ethical aspects of the process'; <http://www.r-surrogacy.org/en/>

Ridley, Jane (16 June 2014). 'Child of surrogacy campaigns to outlaw the practice'. *New York Post*; <http://nypost.com/2014/06/16/children-ofsurrogacy-campaign-to-outlaw-the-practice/>

Robin, Marie-Monique (2010). *The World According to Monsanto: Pollution, Politics and Power*. Translated by George Holoch, Spinifex Press, North Melbourne.

Rowland, Robyn (1992). *Living Laboratories: Women and Reproductive Technologies*. Pan Macmillan, Sun Books, Sydney; Spinifex Press, North Melbourne; Indiana University Press, Bloomington.

Safi, Michael (14 April 2016). 'Baby Gammy's twin can stay with Australian couple despite father's child sex offences; <https://www.theguardian.com/lifeandstyle/2016/apr/14/baby-gammys-twin-sister-stays-withwestern-australian-couple-court-orders>

Sample, Ian (15 December 2016). 'First UK baby with DNA from three people could be born next year'. *The Guardian*; <https://www.theguardian.com/science/2016/dec/15/three-parent-embryos-regulator-givesgreen-light-to-uk-clinics>

Sample, Ian (12 January 2017). 'New fertility procedure may lead to "embryo farming," warn researchers'. *The Guardian*; <https://www.theguardian.com/science/2017/jan/11/new-fertility-procedure-

maylead-to-embryo-farming-warn-researchers-in-vitro-gametogenesis>

Sangari, Kumkum (2015). *Solid:Liquid. A (Trans)national Reproductive Formation*. Tulika Books, Delhi.

Saravanan, Sheela (2016). 'Surrogacy and Gender Justice'. *GovernanceNow* pp. 40-42.

Saravanan, Sheela (2018). *Surrogacy Body Bazaar: Transnational Feminism and Reproductive Justice*. Springer Nature Pte. Ltd. Singapore.

Schneider, Jennifer, Jennifer Lahl and Wendy Kramer (2017). 'Long-term breast cancer risk following ovarian stimulation in young egg donors: a call for follow-up, research and informed consent'. *RBM Online*; <http://www.rbmojournal.com/article/S1472-6483(17)30048-2/pdf>

Se Non Ora Quando - Libere (23 March 2017). 'United Nations Resolution against Surrogate Motherhood'; <http://www.stopsurrogacynow.com/wp-content/uploads/2017/04/OnuResolution_-Se-non-ora-quando-Libere-FIRME.pdf>

Selby, Martha (July 2005). 'Narratives of Conception, Gestation, and Labour in Sanskrit Ayurvedic Texts'. *Asian Medicine*, Vol. 1, No. 2, pp. 254-75.

Sibbald, Barbara (29 May 2001). 'Death but one unintended consequence of gene-therapy trial'. *Canadian Medical association Journal* (CMAJ), Vol. 164, No. 11, pp. 1612; <http://www.collectionscanada.gc.ca/eppp-archive/100/201/300/cdn_medical_association/cmaj/vol-164/issue-11/1612.asp>

Singer, Jill (17 March 2009). 'Moralists cry out on Surrogacy'; <http://www.news.com.au/opinion/moralists-cry-out-on-surrogacy/news-story/dae44e9bb686b530158b2a27b57ab04c>

Singer, Peter and Deane Wells (1984). *The Reproduction Revolution: New Ways of Making Babies*. Oxford University, Oxford and Melbourne.

Sloan, Kathy (24 April, 2017). 'Trading on the Female Body: Surrogacy, Exploitation and Collusion by the US Government'; <http://www.thepublicdiscourse.com/2017/04/19109/>

Solis, Raul (25 March 2017). 'Los Vientres de Alquilar: La cara mas brutal del "Gaypitalismo"'. *Paralelo 36 Andalucia*; <https://www.paralelo36andalucia.com/los-vientres-de-alquiler-la-cara-masbrutal-del-gaypitalismo/>

Son of a Surrogate website. Brian C. (no surname provided, n.d.). 'The Son of a Surrogate'; <http://sonofasurrogate.tripod.com>

Smith, Kyle (3 October 2013). 'Pregnancy Got You Down? No Problem, Outsource Your Babymaking to India'. *Forbes Magazine*.

Spooner, Rania (25 April 2017). 'Science

of the Lambs: Researchers perfect artificial womb that works as well as ewe do'. *The Sydney Morning Herald*; <http://www.smh.com.au/national/health/science-of-thelambs-researchers-perfect-artificial-womb-that-works-as-well-asewe-do-20170425-gvrw5v.html>

Stop Surrogacy Now (26 April 2017). 'International Campaign in Spain to call for Abolition of Surrogacy'; <http://www.stopsurrogacynow.com/international-campaigners-in-spain-to-call-for-abolitionofsurrogacy/#sthash.pOPie3D8.DcZ3OtuD.dpbs>.

Sugden, Joanna and Aditi Malhotra (6 November 2015). 'Foreign Couples in Limbo After India Restricts Surrogacy Services'; <https://www.wsj.com/articles/foreign-couples-in-limbo-after-india-restrictssurrogacy-services-1447698601>

Sullivan, Mary (2007). *Making Sex Work: A Failed Experiment with Legalised Prostitution*. Spinifex Press, North Melbourne.

Sutcliffe, AG, CL Williams, ME Jones, AJ Swerdlow, MC Davies, I Jacobs and BJ Botting (September 2015). 'Ovarian tumor risk in women after Assisted Reproductive Therapy (ART); 2.2 million person years of observation in Great Britain'; *Fertility and Sterility*, Vol. 104, Issue 3, e37; <http://www.fertstert.org/article/S0015-0282(15)00614-7/fulltext>

Swedish Government (2016). *Olika vägar till föräldraskap*. Stockholm, English Summary, pp. 47-72; <http://www.regeringen.se/contentassets/e761299bb1a1405380e7e608a47b3656/olika-vagar-tillforaldraskap-sou-201611>

Swiss Info (2015). 'A child is not a commodity, says top Swiss court'; <http://www.swissinfo.ch/eng/surrogate-law_a-child-is-not-a-commodity--says-top-swiss-court/41575816>

Tankard Reist, Melinda (ed) (2006). *Defiant Birth: Women who Resist Medical Eugenics*. Spinifex Press, North Melbourne.

The Center for Bioethics and Culture (2010-2013). 'Eggsploitation'. Documentary directed by Jennifer Lahl. Pleasant Hill, California; <www.eggsploitation.com>

The Center for Bioethics and Culture (2014). 'Breeders: A Subclass of Women?' Documentary directed by Jennifer Lahl. Pleasant Hill, California; <http://breeders.cbc-network.org>

The Center for Bioethics and Culture (2015). 'Eggsploitation: Maggie's Story'. Documentary directed by Jennifer Lahl. Pleasant Hill, California; <http://www.cbc-network.org/maggie/>

The Economist (13 May 2017). Editorial: 'Carrying a child for someone else should be celebrated - and paid'; <http://www.economist.com/news/leaders/21721914-restrictive-rules-are-neither-surrogates-interestsnor-babys-carrying-child>

The Economist (13 May 2017). 'As demand for surrogacy soars, more countries are trying to ban it'; <http://www.economist.com/news/international/21721926-many-feminists-and-religious-leadersregard-it-exploitation-demand-surrogacy>

The Hague Conference on Private International Law (2016). 'Report of the February 2016 meeting of the experts' group on parentage/surrogacy'; <https://assets.hcch.net/docs/f92c95b5-4364-4461-bb04-2382e3c0d50d.pdf">

The Hague Conference on Private International Law (2017). 'Report of the experts' group on the parentage/surrogacy project (meeting of 31 January - 3 February 2017)'; <https://assets.hcch.net/docs/ed997a8d-bdcb-48eb-9672-6d0535249d0e.pdf>

The Handmaid's Tale (2017). TV series created by Bruce Miller. Based on 1985 novel of the same name by Margaret Atwood. Shown in Australia on SBS. MGM Television in conjunction with White Oak Pictures, USA.

The Telegraph (UK) (2013). 'India bans gay foreign couples from surrogacy'; <http://www.telegraph.co.uk/news/worldnews/asia/india/9811222/India-bans-gay-foreign-couples-from-surrogacy.html>

Tobin, Bernadette (20 April 2015). 'Surrogacy laws may be a bridge too far for Australia'; <http://www.theage.com.au/comment/surrogacy-lawsmay-be-a-bridge-too-far-for-australia-20150420-1mosw7.html>

Tyler, Meagan (2016). 'Ten Myths about Prostitution, Trafficking and the Nordic Model' in Caroline Norma and Melinda Tankard Reist (eds.) *Prostitution Narratives: Stories of Survival in the Sex Trade*. Spinifex Press, North Melbourne.

Vines, Gail (3 December 1987). 'Calves a la carte'. *New Scientist*, p. 23.

Vo, Thin and Daniel B Hardy (August 2012). 'Molecular mechanisms underlying the fetal programming of adult diseases'. *Journal of Cell Communication and Signalling*, Vol. 6, No. 3, pp. 139-153. <http://www.ncbi.nlm.nih.gov/pmc/articles/PMC3421023/>

Wade, Matt (17 August 2014). 'Surrogacy, drug trials and commercializing human bodies'. *The Age*; <http://www.theage.com.au/comment/surrogacy-drug-trials-and-commercialising-human-bodies-20140815-104pae.html>

Wadhwa, Vivek (29 July 2017).

'Scientists successfully edit
DNA of human embryo for first
time'; <http://www.theage.com.
au/national/health/scientists-
successfully-edit-dna-of-human-
embryo-for-first-time-20170728-
gxl8dp.html>

Waring, Marilyn (1988). *Counting for
Nothing: What Men Value and What
Women are Worth*. Bridget Williams
Books, Wellington.

RU 486: Misconceptions, Myths and Morals (2013/1991, 공저)

Horse Dreams: The Meaning of Horses in Women's Lives (2004, 공편)

Cat Tales: The Meaning of Cats in Women's Lives (2003, 공편)

A Girl's Best Friend: The Meaning of Dogs in Women's Lives (2001, 공편)

CyberFeminism: Connectivity, Critique and Creativity (1999, 공편)

Radically Speaking: Feminism Reclaimed (1996, 공편)

Australia for Women: Travel and Culture (1994, 공편)

The Ultimate Colonisation: Reproductive and Genetic Engineering (1992)

Angels of Power and Other Reproductive Creations (1991, 공편)

Radical Voices: A Decade of Resistance from Women's Studies International Forum (1989, 공편)

Infertility: Women Speak Out about Their Experiences with Reproductive Medicine (1989, 편집)

The Exploitation of a Desire: Women's Experiences with in Vitro Fertilisation (1989)

Man-made Women: How New Reproductive Technologies Affect Women (1985/1987, 공저)

Test-Tube Women: What Future for Motherhood? (1984, 공편)

Theories of Women's Studies (1983, 공편)

Feministische Wissenschaft und Frauenstudium (1982, 공편)

『대리모 같은 소리』의 원제는 『Surrogacy: A Human Rights Violation』, 직역하면 『대리모: 인권침해』다. 책의 제목만으로도 그가 이 책을 통해서 개입하고자 하는 서구 사회 담론장의 모습을 어렵지 않게 그려볼 수 있다. 대리모를 인권침해로 논하는 입장은 이미 '보수적'이고도 고루한 듯 느껴지게 되었고, 바로 그렇기 때문에 저자는 이 고루한 주장을 별다른 설명 없이 고수할 필요가 있었던 것이다.

저자는 짧고 간명하고 직설적으로 말한다. 그리고 자신의 활동과 연구 경력을 통해서 말에 힘을 싣는다. 한국 사회에서 대리모 논쟁은 지난여름 잠시 등장했다가 잠잠해졌으나, 이제부터 꾸준히 전개될 것이다. 서구 사회의 논쟁 속에서 연구자이자 활동가로서 오랜 경력을 가진 그의 강력한 메시지가 앞으로 이어질 한국의 대리모 논쟁과도 공간을 초월한 연결을 이루리라고 믿는다.

한편, 한국의 관점에서는 서구 급진 페미니스트인 저자가 모성을 신성시하고 혈연가족을 지향하는 측면이 상대적으로 부각되어 느껴질 수도 있다. 모성과 가족 이데올로기에 대해 냉정하고도 날카로운 분석력을 가지고 있는 한국의 페미니스트 독자들이 저자의 관점과 때로 긴밀히 연결되고 때로 가차 없이 충돌하며 하게 될 독서와 그 이후의 순간들이 기다려진다.

원문에서 지적되기도 했지만 번역 과정에서 surrogacy를 '대리모'로 옮기면서 고민이 많았다. 저자 역시 이 행위를 하는 여성이 아무것도 대리하지 않는다고 말하며, '대리/모'를 이루는 사실상의 모든 글자에 문제를 제기하기 때문이다.

낙태를 임신중단과 같은 단어로 대체하는 것과 같은 방식을 고민해보았지만 아직 대리모라는 담론부터가 대중에게 널리 퍼지지 않은 상태다. 번역 과정에서의 이러한 고민은 이 논쟁에 다가가기 위해서는 문제 자체가 더욱 널리 알려져야만 한다는 의식과 행위를 묘사하는 기존 언어를 새로이 대체할 관점이 조만간 등장하리라는 기대감을 동시에 불러일으켰다.

　　　2019년 여름, 한국에서는 트위터를 중심으로 여성들 사이에서 개인의 행위와 착취적인 산업 구조를 구분 짓지 않고 대리모를 총체적으로 비판하는 흐름이 일어났다. 당시의 어떤 발화들은 대리모를 해야만 하는 여성을 타자화한다거나 혹은 반대로 여성이라는 이유만으로 대리모가 되는 여성들과 스스로를 함부로 동일시한다는 우려를 안았다. 개인적으로는 당시의 발화 행위들이 누군가가 무언가를 고려하지 못한 결핍이나 무지의 증거이기보다는 오히려 그 반대라고 본다. 첨예하고도 긴급한 이슈들에서 여성들의 발화는 언제나 성급하다고 여겨지며, 성급하지 않아지는 시점이란 성급하다는 평가를 거두기 전에는 오지 않는다는 사실을 꾸준히 염두에 두며 논의를 만들어가야 한다. 게다가 한국이 진작부터 그리고 현재에도 활발하게 가부장제 유지를 위해 이성애자 난임 부부가 대리모를 적극 동원해 부계혈통을 유지한 사회임을 고려하면, 대리모 논쟁은 너무 먼 것도 빠른 것도 아닌 지금 여기에서 일어나는 착취에 대해 마땅히 이루어져야 하는 이야기다. 다만 논쟁을 이어나가기 위해서는 한국 사회에 대리모에 대해 더 구체적이고 전문적인 이야기가 필요한 것도 사실이다. 앞으로 깊어질 논쟁을 위한 하나의 참조로서 이 책의 번역 출간을 결정한 만큼, 대리모를 비롯해 여성의 재생산력을 둘러싼 더욱 더 직설적이면서도 정교하고, 설득력 있고도 복잡한 담론이 만들어지기를 기다린다.

인명

용어

기관, 단체, 기구

문건·자료

영상물

대리모 같은 소리

1판 1쇄 인쇄	2019년 11월 7일
1판 2쇄 발행	2020년 6월 30일

지은이	레나트 클라인
옮긴이	이민경
디자인	우유니
편집	이두루

펴낸곳	봄알람
출판등록	2016년 7월 13일 2019-000079호
전자우편	we@baumealame.com
페이스북	facebook.com/baumealame
트위터	@baumealame
홈페이지	baumealame.com
ISBN	979-11-89623-02-9 03300